Droit international des espaces et des télécommunications

Collection « Géopolitique mondiale »

Dirigée par Mwayila TSHIYEMBE

L'objet de la collection « **Géopolitique mondiale** » est de susciter les publications dont la vocation est double : d'une part, donner un **sens** aux mutations provoquées par la mondialisation, étant donné la perte des repères du monde ancien et la nécessité d'inventer des repères du monde nouveau ; d'autre part, analyser la **complexité** des enjeux territoriaux, des rivalités d'intérêt et de stratégies qui pousse les acteurs à user de la **force** ou de la **diplomatie,** pour **modifier** ou tenter de modifier le **rapport** de force (ressources naturelles, humaines, culturelles), selon des **idéologies** qui les animent. A cette fin, la **prospective** et la **pluridisciplinarité** sont des approches privilégiées.

Déjà parus

Adrien BANWITIYA NTEKANGI, *Vers un nouveau droit international des réfugiés écologiques*, 2014

Patrick WENDA T. TSHILUMBA, *L'orientation scolaire et professionnelle en RD Congo*, 2014.

Germain NGOIE TSHIBAMBE, (dir.), *Identités, ressources naturelles et conflits en RDC. Défis méthodologiques et voies de sortie ?*, 2013.

Evelyne GARNIER-ZARLI (dir.), *La licence scientifique dans l'espace francophone, Essai de référentiel de connaissances et de compétences*, 2014.

Mwayila TSHIYEMBE, *Quel système politique pour la République démocratique du Congo : fédéralisme, régionalisme, décentralisation ?*, 2012.

Mwayila TSHIYEMBE

Droit international des espaces et des télécommunications

L'Harmattan

Du même auteur

Quel est le meilleur système politique pour la République Démocratique du Congo : fédéralisme, régionalisation, décentralisation ? Paris, L'Harmattan, 2013

Organisations internationales. Théorie générale et étude de cas, Paris, L'Harmattan, 2012

Régionalisme et problèmes d'intégration économique, Paris, L'Harmattan, 2012

Migration, mondialisation, développement. L'exemple de la RDC, 2011

La politique étrangère des grandes puissances, Paris, L'Harmattan, 2010

Le droit de la sécurité internationale, Paris, L'Harmattan, 2010

La politique étrangère de la République Démocratique du Congo, Paris, L'Harmattan, 2009

L'avenir de la question noire en France (sous la direction), Paris, L'Harmattan, 2008

La renaissance de la République Démocratique du Congo (sous la direction), Paris, 2008

Refondation de la nation et nationalité en République Démocratique du Congo, Paris, L'Harmattan, 2007

Le défi de l'armée républicaine en République Démocratique du Congo, Paris, L'Harmattan, 2005

Géopolitique de paix en Afrique médiane, Paris, L'Harmattan, 2003

État multinational et démocratie africaine, Paris, L'Harmattan, 2001

Invention de l'État de droit et projet de société démocratique en Afrique : cas du Zaïre, Paris, Diane de Selliers Éditeur, 1992

Problèmes et perspectives de l'industrie minière en Afrique (sous la direction), Paris, Présence Africaine/ONUDI, 1992

L'État postcolonial facteur d'insécurité en Afrique, Pris, Présence Africaine, 1990

La Namibie dans la tourmente de l'indépendance, Paris, Présence Africaine, 1990

L'Afrique face à ses problèmes de sécurité et de défense, Paris, Présence Africaine, 1989

Francophonie et géopolitique africaine, Paris, OKEM, 1987

5-7, rue de l'École-Polytechnique, 75005 Paris
www. harmattan.com
diffusion.harmattan@wanadoo.fr
harmattan1@wanadoo.fr
ISBN : 978-2-343-02055-6
EAN : 9782343020556

Introduction

L'un des acquis de la réforme de l'enseignement supérieur et universitaire en République Démocratique du Congo, notamment dans les Facultés de droit, a été la consécration d'un enseignement de plein exercice intitulé « *Droit international des espaces* » (niveau Licence 1 ou équivalent Master 1) en tant que branche spécialisée du Droit international public.

Après avoir dispensé cet enseignement durant de nombreuses années, il nous a paru utile, de changer son contenu, en vue de l'adapter aux nouveaux enjeux de la globalisation, à savoir : « *le droit des activités spatiales et des télécommunications* ».

Cette perspective nous a obligé à coupler le « *Droit international des espaces et des télécommunications* », en vue de jeter les ponts entre quatre champs d'action : - le droit des activités des espaces maritimes ; - le droit des canaux et fleuves internationaux ; le droit de l'air et de l'espace extra-atmosphérique ; le droit des télécommunications.

Dans cet ordre d'idées, l'élargissement au domaine des télécommunications ouvre le champ des connaissances aux nouveaux aspects du droit international, notamment – le droit relatif à toute transmission, émission, réception de signes, de signaux, d'écrits, d'images, de sons ou de renseignements de toute nature, à distance, par fil optique, radioélectricité ou d'autres systèmes électromagnétiques.

L'enjeu est à coup sûr, de former et préparer les bénéficiaires à une carrière juridique nationale ou internationale et chemin faisant, de leur fournir les *outils d'analyse* (recherche des causes), de *compréhension* (recherche de sens), de *confrontation des normes juridiques avec les faits*, à la lumière des multiples activités exercées sur ces espaces et des différends qui en découlent. En effet, la complexité de ces activités exige, pour en débrouiller l'écheveau, la maîtrise des normes juridiques et réglementaires les sous-tendant, qui sont la clef de voûte de la confiance et du développement.

C'est en abordant les choses de la sorte, nous semble-t-il, que les élites nouvelles sauront appréhender avec pertinence les défis du numérique (compétition scientifique et technologique) ; - de l'économie d'exploitation des ressources naturelles des mers (pétrole, gaz, minerais) et des fleuves internationaux (énergie hydro-électrique) ; - du transport des biens et des ressources naturelles d'un bout à l'autre du monde à travers les canaux et les détroits, y compris la dialectique de paix ou guerre sous-adjacente.

Et ce d'autant plus qu'à l'ombre du droit international, les Etats les plus puissants n'ont pas totalement renoncé à la politique de la carotte et du bâton en tant que sujets originaires du droit international, nonobstant l'émergence d'autres acteurs des relations internationales tels que les Organisations internationales, les Multinationales, les ONG, les Peuples voire les Individus.

Poser le problème en ces termes, c'est constater qu'il n'existe pas d'État sans territoire, depuis que les traités de Westphalie (1648) mirent fin à la guerre de Trente Ans entre la France, la Suède et l'empereur Ferdinand II d'une part, et sanctuarisèrent le territoire comme siège du pouvoir politique, quelle que soit l'organisation de la société humaine installée sur cet espace, d'autre part.

La vague des indépendances des pays d'Amérique latine, d'Afrique et d'Asie, est venue confirmer ce postulat, à travers le « *principe d'intangibilité des frontières* » acquises lors de la décolonisation.

Chemin faisant, les espaces terrestres, maritimes, aériens, extra-atmosphériques, sur lesquels se déroulent toutes ces activités humaines, sont le siège de la souveraineté territoriale entière ou partielle des États, définie par le droit international, soit en termes d'activités matérielles soit en termes des compétences spécifiques.

Dès lors, le passage du statut des espaces au régime des activités, est à la base de l'avènement de ce nouveau « *droit international des espaces et des télécommunications* ». En effet, les considérations tirées de l'observation, expliquent comment la réglementation des espaces, sous le couvert de la coopération, a été une technique de contournement des antagonismes politiques. Ainsi, le droit international présente-il un double visage : un droit sur les espaces et un droit sur l'aménagement des activités correspondantes[1] par-delà les controverses juridiques subséquentes à la dimension patrimoniale ou à la dimension fonctionnelle des espaces susmentionnés.

En outre, la question territoriale est une source des conflits intra-étatiques[2]correspondant aux mutations de l'occupation de l'espace ou à sa mise en œuvre au sein des « *souverainetés déchues*[3] », avec des répercussions internationales.

---

[1] Jean-Jacques Lavenue, « Du statut des espaces au régime des activités : observations sur l'évolution du droit international », *in Revue belge de Droit international*, n° 1996-2

[2] Thierry Kirat et André Torre (sous la direction), *Territoires des conflits : analyses des mutations de l'occupation de l'espace*, Paris, L'Harmattan, 2008

[33] Bertrand Badie, Un monde sans souveraineté, Paris, Fayard, 1999, chapitre IV

Ainsi, il est naturel que le droit international, dans un souci de pacification des relations internationales, se soit attaché dans un premier temps à livrer les règles permettant de délimiter ces espaces avant d'en définir le statut juridique et l'utilisation possible par les États.

La délimitation, par le droit du domaine public international est indispensable, car elle permet de déterminer le champ d'action de compétences des États. Et ce, en réglementant l'utilisation de ce domaine sur le plan économique (exploitation des ressources naturelles, de l'énergie hydroélectrique, de l'irrigation) et sur le plan technique (télécommunication), et en organisant les relations entre les personnes qui s'y trouvent.

Abordé sous cet angle, l'ouvrage « *droit international des espaces et des télécommunications* » se divise en deux parties articulées autour de neuf chapitres : la première partie analyse l'espace terrestre (chapitre 1) ; l'espace maritime (chapitre 2) ; le régime juridique des utilisations de la mer (chapitre 3) ; les canaux, les détroits et les fleuves internationaux (chapitre 4) ; l'espace aérien et l'espace extra-atmosphérique (chapitre 5). La seconde partie décante les méandres du droit des télécommunications tels qu'ils ressortent de la régulation des télécommunications (chapitre 6) ; de l'octroi des licences pour les services des télécommunications (chapitre 7) ; de l'interconnexion (chapitre 8) ; du service universel (chapitre 9).

Cependant, il est un devoir, avant de fermer cette parenthèse introductive, de rendre un hommage mérité à Pétillon Muyambi Dhena, Chef des Travaux à la Faculté de droit (Université de Kisangani) et Doctorant en droit international, pour avoir assuré les travaux dirigés du cours ainsi que le toilettage du manuscrit de cet ouvrage. Néanmoins, la responsabilité des imperfections éventuelles de l'ouvrage nous incombe singulièrement.

PARTIE 1

DROIT INTERNATIONAL DES ESPACES

CHAPITRE 1

L'espace terrestre

Deux problèmes se posent au sujet de l'espace terrestre : le premier, historiquement, fut celui de l'acquisition des territoires qualifiés pour la cause de territoires sans maître « Res nullius », le second, inévitablement, fut celui de la détermination des frontières.

Section 1 : L'acquisition des territoires sans maître

Tous les espaces terrestres ont désormais un statut juridique, en général sous souveraineté étatique, parfois sous souveraineté international. Mais l'acquisition des territoires sans maître a joué un rôle très important car la colonisation s'est faite en général par l'extension de l'autorité des États sur des territoires considérés comme tel. Ces *terra nullius* correspondent à un espace qui peut être habité, dans lequel peut exister une certaine organisation sociale, mais qui n'est pas structurée selon le modèle étatique. L'acquisition de ces territoires était fondée, jadis, sur la priorité de la découverte et aujourd'hui cette acquisition pose encore des problèmes pour certains espaces[4].

---

[4] L'acquisition des îles volcaniques Matthew et Hunter situées à plus de 400 Km à l'Est de la Grande Terre (Nouvelle Calédonie) revendiquée par la France et contestée par le Vanuatu.

Historiquement, divers systèmes ont été admis pour l'acquisition des *terra nullius*.

1. L'attribution pontificale

En 1486, le Pape Clément VI attribue la souveraineté des Canaries à l'Espagne ; Alexandre VI Borgia, par la Bulle *Inter Coetera* place les espaces découverts à l'Ouest d'une ligne au large du Cap-Vert, sous la souveraineté espagnole (excepté le Brésil). Le Traité de Tordesillas (le 7 juin 1494) devait entériner l'accord de l'Espagne et du Portugal sur la délimitation de leurs futures possessions coloniales, en partageant le monde à découvrir : les terres à l'Ouest du méridien (Amérique moins le Brésil) appartiendraient à l'Espagne, et celles à l'Est (Brésil et Afrique) au Portugal.

2. La découverte avec occupation fictive

La souveraineté territoriale appartient à l'État qui découvre un territoire, à condition que ceux qui peuvent venir ultérieurement en soient avertis. C'est le cas d'Haïti découverte par Christophe Colomb le 6 décembre 1492, au nom des souverains de Castille ; du Brésil, après l'érection d'une croix de 7mètres de haut (*Vera Cruz*) le 26 avril 1500 par Pedro Alvarez Cabral ; de la conquête de l'Australie par la Grande-Bretagne en 1788, pour qui les terres des aborigènes étaient désertiques et inoccupées.

Section 2 : Le système de l'occupation

Ce système fut consacré par l'Acte final de la Conférence de Berlin du 26 février 1885, chargée de régler le régime du bassin du Congo et les problèmes de conquête des territoires en Afrique. L'acquisition par occupation devait respecter trois conditions :

- la manifestation de la volonté d'un État à s'y installer ;

- une notification adressée aux autres puissances signataires de l'Acte, destinée à officialiser la possession ;

- l'existence et la permanence d'une autorité effective sur le territoire conquis[5].

Dès le début du XXe siècle, l'occupation effective, nécessaire à l'acquisition territoriale lorsqu'elle est continue et pacifique, est fréquemment qualifiée de titre parfait en l'absence d'autre titre opposable. Ce système d'acquisition fut incontestablement un facteur d'ordre international, même si son application s'avérait délicate pour les territoires peu accessibles.

1. L'acquisition résultant de la continuité et de la contiguïté

Au nom de la continuité, l'établissement d'un pouvoir effectif sur certains points d'un territoire entraîne l'extension de la souveraineté sur les régions avoisinantes. C'est la théorie de l'hinterland, selon laquelle, l'occupation des côtes suffit. Au nom de la contiguïté, certaines îles peuvent paraître comme des prolongements naturels d'un territoire étatique. Ce fut l'argument évoqué par le Mexique à propos de l'île Clipperton entre 1879 et 1914 ; l'Argentine à propos des îles Malvinas ou Falkland lors du conflit Royaume-Uni/Argentine en 1982 ou le Chili contre l'Argentine à propos de l'Antarctique, en se fondant sur la théorie de l'analogie géologique.

---

5 Il s'agit de l'exercice des tâches régaliennes de l'État : Armée, Police, Administration de la colonie).

2. La cession de territoire

Les États peuvent se céder ou s'échanger des territoires, avec deux modalités :

A. La cession à titre onéreux

Elle matérialise les hypothèques de la Louisiane, cédée par la France aux États-Unis en 1803 pour 60 millions de francs afin que Napoléon puisse financer ses guerres européennes ; des villes de Menton et de Roquebrune cédées par la Principauté de Monaco à la France en 1861 ; de l'Alaska cédé par la Russie aux États-Unis en 1867 ; et plus récemment des îles Kuria Muria, cédées par le Royaume-Uni au sultanat d'Oman, en 1967.

B. La cession à titre gratuit

Elle est le plus souvent, la conséquence d'un traité de paix : ainsi la cession de l'Alsace-Lorraine par l'Allemagne à la France en application de l'article 51 du Traité de Versailles ; la cession de la Savoie et du comté de Nice par le Royaume de Piémont Sardaigne à la France par le Traité de Turin du 24 mars 1860.

C. Les zones polaires

Pour l'Arctique, qui est un océan gelé de 14 millions de kilomètres carrés, les revendications ont été fondées sur deux systèmes (avec le problème du Groenland sous souveraineté danoise et celui du Spitzberg sous souveraineté norvégienne) :

- Le système de la contiguïté illustrée par la théorie des secteurs présentée en 1907 par le sénateur canadien Pascal Poirier, et reprise par le russe Viktor Lakhtine. Cette théorie attribue à chaque État ayant un littoral sur l'océan Arctique, la souveraineté sur toutes les terres émergées se trouvant dans un triangle sphérique, ayant pour base ce littoral, pour sommet le pôle Nord, et comme côtés les méridiens se situant de part et d'autre des frontières du littoral. Ainsi, les terres émergées ont été attribuées au Canada (les îles de Baffin et Ellesmere), au Danemark (le Groenland), à la Russie (la Nouvelle Zemble et les archipels de la Nouvelle Sibérie), à la Norvège (l'archipel du Svalbard et de l'île Jan Mayen). Cette théorie fut contestée par les États-Unis, qui invoquaient le système de l'occupation effective.

- Le système de la coopération pour la préservation de l'environnement qui, de nos jours, fait que l'Arctique est surtout l'objet de préoccupations écologiques, avec la création, en 1996 à Ottawa, du Conseil de l'Arctique. Cette organisation est fondée sur les principes de coopération, de coordination et d'interaction circumpolaires, pour répondre aux inquiétudes communes des États arctiques et des habitants du Nord en matière de développement durable et de protection de l'environnement. Les États membres sont le Canada, le Danemark, les États-Unis, la Finlande, l'Islande, la Norvège, la Russie, la Suède, y compris quatre organisations représentant les peuples autochtones. Mais au-delà de cette coopération, la zone arctique reste sous la concurrence de ces pays, compte tenu des ressources pétrolières et gazières du sous-sol océanique.

Pour **l'Antarctique**, qui est un continent recouvert d'une couche de glace d'une épaisseur moyenne de 1.6 kilomètres (10 % des terres émergées avec 14 millions de Kilomètres carrés de superficie), le grand éloignement ne permettrait pas l'extension pure et simple de la théorie des secteurs. Les revendications au début du XXe siècle furent fondées sur plusieurs systèmes : celui de la découverte pour la France avec la Terre Adélie explorée par Dumont d'Urville en

1840 ; pour la Norvège, la Terre de la Reine Maud explorée en 1910 par Amundsen ; celui de l'occupation dans des bases établies, pour l'URSS ; celui de la contiguïté pour le Chili et l'Argentine.

Mais toutes ces revendications ont été gelées, à la suite de l'Année géophysique internationale de 1957-1958, par le Traité de Washington signé le 1er décembre 1959. Ce traité a initialement été signé par 7 États dits possessionnés, c'est-à-dire s'estimant souverains sur un secteur précis (Argentine, Chili, Australie, France, Norvège, Nouvelle-Zélande et Royaume-Uni) et des États intéressés dits non possessionnés (Afrique du Sud, Belgique, États-Unis, Japon et URSS). Le Traité de Madrid du 4 octobre 1991, relatif à la protection de l'environnement de l'Antarctique interdit pendant cinquante ans, à compter de la date de son entrée en vigueur (intervenue le 14 janvier 1998), sauf accord unanime des États, toute exploitation minière et réglemente étroitement les autres activités en vue de préserver l'environnement.

Ainsi donc, les espaces terrestres ont été, pour la plupart, acquis par des États. Dès lors, ces territoires sont soumis de façon absolue et exclusive à la souveraineté des États qui vont en fixer les limites.

Section 3 : Définition-délimitation des frontières terrestres

Du point de vue droit international, deux questions conditionnent toutes les autres : la définition-délimitation de l'espace terrestre et l'exercice de la compétence territoriale de l'État.

En effet, la multiplication des États-nations (à ce jour 193 États membres de l'Organisation des Nations Unies, le Sud Soudan étant le nouveau-venu, le 9 juillet 2011), la souveraineté des États sur leurs « ressources et richesses naturelles » proclamée dès 1952 par la résolution de l'Assemblée générale de l'Organisation des Nations Unies, les dispositions relatives au « respect de l'intégrité territoriale » et au « droit des peuples à disposer d'eux-mêmes », supposent au préalable, la maîtrise effective de l'espace terrestre. D'où l'importance évidente de la souveraineté sur l'espace terrestre et la nécessité de délimitation du territoire national. Logiquement, l'existence de frontières en tant que lignes idéales ou zones plus ou moins larges délimitant des espaces terrestres relevant de souverainetés distinctes, s'est imposée sous des vocables divers.

Ligne de partage entre deux souverainetés étatiques ou point d'expiration d'une souveraineté étatique, les frontières sont souvent la traduction historique de rapports de force qui se sont mués en droit. La notion de frontière succède à celle de « confins », qui désignait une limite indéfinie entre deux territoires avant que cette limite ne soit fortifiée et ne forme des lignes de front, comme l'indique cette étymologie guerrière, pour lesquelles des millions d'hommes sont morts.

La délimitation des frontières se fait en deux étapes : la première sur le papier et la seconde sur le terrain. Aujourd'hui, les conflits frontaliers sont résolus pacifiquement, à l'exception, depuis plus d'un siècle, de la question de l'archipel des Kouriles.

1. La délimitation frontalière

Il y a plusieurs procédés pour établir le tracé des frontières :

A. Les frontières naturelles

Les frontières naturelles sont celles qui prennent en compte le relief ou l'hydrologie : - la ligne de crêtes (avec l'exemple des Pyrénées) qui séparent l'Espagne de la France ; - la ligne dite du pied des monts, - la ligne de partage des eaux séparant deux bassins hydrographiques ; - un lac ou un fleuve international avec la frontière à la rive ou le thalweg (milieu du chenal navigable), - la ligne médiane. Ainsi, les fleuves Rio Grande sert de frontière entre les États-Unis et le Mexique ; le fleuve Sénégal entre la Mauritanie et le Sénégal ; le fleuve Congo entre la République Démocratique du Congo et la République du Congo, etc. Même si les discontinuités naturelles ne coïncident pas forcément avec les limites ethnographiques et culturelles, les frontières naturelles ont l'avantage de faciliter le travail de démarcation.

B. Les frontières artificielles

Les frontières artificielles sont celles qui correspondent aux États ne disposant pas d'obstacles naturels : il peut s'agir de repères trigonométriques ou de lignes astronomiques tels que les méridiens ou les parallèles. Ainsi la frontière du 49e parallèle entre les États-Unis et le Canada, et celle du 38e parallèle entre les deux Corées ;

C. Le principe de l'uti possidetis juris

Le principe de l'*uti possidetis juris* consiste, pour les États nouveaux issus de la décolonisation d'accepter comme frontières, les limites administratives fixées par les anciennes métropoles coloniales. Ce principe a été appliqué par les nouveaux États de l'Amérique du Sud au XIXe siècle ; de l'Afrique à la suite de la résolution de l'Organisation de l'Unité Africaine adoptée au Caire en 1964 ; de l'ex-Yougoslavie (Commission d'Arbitrage de la Conférence pour la Paix en ex-Yougoslavie) ainsi que de l'ex-Union soviétique, la conférence d'Helsinki (1971) ayant prôné le respect des frontières issues de la Seconde Guerre mondiale.

2. La démarcation de la frontière

Elle intervient sur le terrain même. C'est la fixation matérielle et visible de la frontière qui se traduit par l'abornement. La démarcation met toujours à profit, dans un but de rationalité, une certaine liberté de détails au regard de la délimitation conventionnellement déterminée.

Ce processus de démarcation de frontière se fait de trois façons :

- De façon unilatérale : si la frontière sépare un espace national d'un espace international ;
- Par voie conventionnelle : si la frontière sépare deux États ;
- Par voie juridictionnelle : en cas de différend.

Section 4 : Le règlement des différends frontaliers

De nos jours, les différends frontaliers sont réglés par voie judiciaire ou arbitrale. Ce fut le cas de la frontière entre la Belgique et les Pays-Bas, entre le Cambodge et la Thaïlande, entre le Cameroun et le Nigeria, entre le Burkina Faso et le Mali. Plus récemment, quatre litiges frontaliers ont été réglés pacifiquement :

1. Le litige de la « Bande d'Aouzou » opposant la Libye au Tchad

Après plus de 20 ans d'occupation illégale de la Libye, la Cour Internationale de Justice a fini par attribuer ce territoire au Tchad.

2. Le litige des fleuves Amour et Oussouri opposant la Russie et la Chine

Par un accord entre les deux États, le bornage de la frontière commune, longue de 4.195 kilomètres, s'est achevé en avril 1999. Des territoires ont été échangés, et les 2.444 îles inhabitées ont été officiellement partagées le 29 avril 1999 : 1.163 sont revenues à la Russie et 1.281 à la Chine.

3. Le litige de la Cordillère du Condor opposant l'Équateur et le Pérou

Un accord entre les deux États, fut adopté le 13 mai 1999, à la suite d'échange de parcelles territoriales de part et d'autre de la frontière ;

4. Le litige des îles Ḫānīsh en Mer rouge opposant l'Érythrée et le Yémen

Une Cour d'arbitrage *ad hoc* a rendu deux sentences en 1998 et 1999, reconnaissant la souveraineté du Yémen sur ces îles inhabitées et délimitant les frontières maritimes entre les deux pays.

5. La guerre frontalière entre l'Éthiopie et l'Érythrée (1998 et 2000)

Le 13 avril 2002, la Commission frontalière Érythrée-Éthiopie accorde des territoires à chaque partie tandis que le territoire de Badme, objet du conflit, est attribué à l'Érythrée. Cette attribution est contestée par l'Éthiopie qui, pour l'exprimer s'est retirée des négociations en 2003. Depuis, l'Érythrée considère la présence continue de troupes éthiopiennes sur Badme comme une violation de sa souveraineté, à la protection de laquelle la mission des Nations Unies en Éthiopie et en Érythrée (MNUEE) collabore involontairement. D'où la décision de l'Érythrée de restreindre les opérations des casques bleus et d'expulser en 2005 certains membres de la mission des Nations Unies en Éthiopie et en Érythrée. Aujourd'hui, les tensions restent fortes à cette frontière.

6. La question de l'archipel des Kouriles opposant la Russie et le Japon

S'il existe encore un différend frontalier qui ne fait pas l'objet de règlement pacifique, c'est bel et bien celui des

Kouriles opposant la Fédération de Russie et le Japon. Territoire historiquement russe mais géographiquement japonais, l'archipel des Kouriles comprend une trentaine d'îles reliant sur plus de 120 kilomètres, le Nord du Japon à la péninsule du Kamtchatka. L'enjeu géostratégique de ces îles sur l'océan pacifique est important à cause des zones de pêche autour de ces îles. Le Japon a toujours considéré ces îles comme faisant partie intégrante de son territoire, alors que la Russie, s'accorde le crédit de la découverte. Afin de régler la question territoriale définitivement, le traité de Shimod du 7 février 1855, délimite les frontières entre les deux pays : le Japon devant occuper les quatre îles faisant partie de l'archipel, et la Russie devant occuper les Kouriles restantes, seule l'île de Sakhaline est déclarée indivise et partagée entre les deux États. Le Japon réclame toujours ses « territoires du Nord » et, à cause de ce différend, Tokyo et Moscou n'ont à ces jours, signé un accord de paix.

Section 5 : La compétence territoriale

C'est le pouvoir d'agir, de façon légitime et légale, que détient l'État sur l'ensemble de son territoire vis-à-vis des personnes, des activités et des biens. Cette définition renvoie aux notions telles que « personne morale » et «sujet de droit international ». En tant que principal sujet de droit international (exercice de droits régaliens) l'État a une compétence plénière, c'est-à-dire exclusive et non pas spécialisée ou d'attribution comme c'est le cas pour les organisations internationales.

Le droit international reconnaît trois titres de compétence : la *compétence personnelle* (autorité exercée par l'Etat sur ses nationaux établis hors du territoire national) ; *la compétence relative à l'organisation des services publics*, c'est-à-dire celle qui concerne le choix du régime politique, économique et social ; la *compétence territoriale*, c'est-à-dire le titre juridique et le cadre matériel normal des compétences de l'État. C'est parce que l'État a un territoire et un territoire bien délimité qu'il a la capacité juridique d'agir seul sur cet espace. A contrario toute incertitude affectant l'origine ou les limites exactes du territoire, affaiblit ou remet en cause l'exercice de la compétence territoriale.

CHAPITRE 2

L'espace maritime

L'espace maritime correspond aux étendues d'eau salée en communication libre et naturelle. La mer a été considérée jusqu'au XXe siècle, comme un espace de circulation où devait régner un principe de liberté et, à titre accessoire et à proximité des côtes, on l'utilisait à des fins alimentaires. Pendant longtemps, l'État côtier n'exerçait sa souveraineté que sur les trois premiers milles marins (un mille marin ou nautique correspond à 1.852 mètres), ce qui correspondait à l'époque à la portée d'un boulet de canon.

Dans cet ordre d'idées, les problèmes concernant la mer sont : - *l'accès à la mer* et la *sécurité de l'accès* à la mer ; - la *sécurité alimentaire* et la conservation des ressources biologiques à l'ère de la pêche industrielle expansive et d'économie d'échelles. Enfin, la *sécurité de la navigation*, des *échanges* et des *communications.* Telles furent les préoccupations principales qui prévalaient jusqu'à la fin de la seconde conférence de Genève sur le droit de la mer (1958-1960).

Paradoxalement, le XXe siècle est celui de l'utilisation des espaces maritimes comme réservoir de ressources biologiques et minérales. En effet, les nouvelles techniques permettent progressivement d'effectuer une exploitation de l'espace maritime, de son sol et de son sous-sols, de plus en plus loin des côtes et à des profondeurs de plus en plus importantes.

En tant que partie du domaine public international, les mers et les océans ont fait l'objet de délimitations en prenant principalement en considération les projections des souverainetés des États et des intérêts de ces derniers : États côtiers, États pêcheurs, États développés, États en développement.

Le droit de la mer, parce qu'il est ancien, est un droit essentiellement coutumier. Le corpus juridique intègre depuis 1958 quatre conventions[6] essentiellement de codification, signées à Genève, entrées en vigueur entre 1962 et 1966, consacrant les premières projections de souveraineté des États dans cet espace. Mais ce droit fut élaboré sans les États du Tiers Monde. L'allocution de l'Ambassadeur de Malte, Arvid Pardo, prononcée le 1er novembre 1967 aux Nations unies, est à l'origine de l'instauration d'un régime international efficace des fonds marins et des océans, au-delà d'une juridiction nationale clairement définie, dans la résolution 2749 du 17 décembre 1970 qualifiant ces espaces de « patrimoine commun de l'humanité ». La convocation, en 1973 de la troisième Conférence des Nations Unies sur le droit de la mer aboutit, après neuf ans de négociation, à un nouveau traité.

Le 10 décembre 1982, la Convention des Nations Unies sur le droit de la mer (convention de Montego Bay), sous l'influence des pays du Tiers Monde, développa les aspects économiques de la mer considérée comme une richesse, aspects que les textes antérieurs avaient seulement esquissés : ressources halieutiques (poissons et crustacés), minérales (sels, uranium, granulats, manganèse) et énergétiques (force marée motrice), en même temps que l'Acte final de la conférence comprenant sept annexes.

Cette convention est entrée en vigueur le 16 novembre 1994 et dégage des zones maritimes différentes qui peuvent être

---

[6] Convention sur la mer territoriale, la haute mer, le plateau continental et la pêche.

regroupées en deux grands blocs. Le régime juridique des espaces maritimes varie selon les zones. Plus on s'éloigne des côtes, moins l'influence de l'État se fait sentir et plus le principe de liberté reprend ses droits. On distingue les zones maritimes placées sous la souveraineté de l'État (eaux intérieures, mer territoriale, eaux archipélagiques), souveraineté qui diminue (zone contiguë, zone économique exclusive, plateau continental, haute mer), et même disparaît (fonds marins).

Néanmoins, sur le plan de la technique juridique stricto sensu, l'adoption de la convention de Montego Bay ne résout pas pour autant le problème de l'unité du droit de la mer, en ce qui concerne les sources du droit applicable. En effet, plusieurs domaines ou questions liés directement au droit de la mer ou aux activités qui trouvent leur champ d'exercice sur l'espace halieutique, ont fait l'objet de réglementations particulières ou de réglementations spéciales. Il s'agit notamment des questions de protection des espèces halieutiques, des problèmes de pollution, de navigation et de sécurité. Ces règles continuent de s'appliquer en complément des règles nouvelles de droit qui ont fait l'objet de codification.

Les imbrications permanentes entre dispositions coutumières et normes exprimant le développement progressif du droit international, amènent à définir d'abord les différents espaces maritimes et, ensuite, à étudier le régime juridique des différentes utilisations de la mer.

La convention de Montego Bay de 1982 permet une classification juridique des espaces maritimes en deux catégories : les espaces maritimes sous la souveraineté de l'État et les espaces maritimes internationalisés.

Ces espaces maritimes sont déterminés par rapport aux lignes de bases qui sont de deux types :

- La ligne de base normale

La ligne de base normale, c'est celle qui est la laisse de basse mer, c'est-à-dire le point des marrées les plus basses. Il s'agit de la limite basse de l'estran, c'est-à-dire la zone de la plage qui se découvre à marée basse lors des grandes marées, au voisinage des équinoxes en septembre/octobre et en mars/avril. Lorsque des hauts-fonds découvrants[7]se trouvent, entièrement ou en partie, à une distance du continent ou d'une île ne dépassant pas la largeur de la mer territoriale, la laisse de basse mer sur ces hauts-fonds peut être prise comme ligne de base pour mesurer la largeur de la mer territoriale. Lorsque la côte est relativement rectiligne, les lignes de base coïncident avec la laisse de basse mer.

- La ligne de base droite

On parle de la ligne de base droite lorsque la côte est profondément échancrée et découpée ou s'il existe un chapelet d'îles le long de la côte. Dans ce cas, on tire des lignes droites qui vont rejoindre les points les plus avancés en mer et découverts à marée haute. Il en est de même dans le cas d'un archipel. Mais quelle que soit l'hypothèse, le tracé des lignes de base droites ne doit pas s'éloigner sensiblement de la direction générale de la côte, et les étendues de mer situées en deçà doivent être suffisamment liées au domaine terrestre pour être soumises au régime des eaux intérieurs. Il peut être tenu compte, pour l'établissement de certaines lignes de base, des intérêts économiques propres à la région considérée.

---

[7] Les élévations naturelles de terrain entourées par la mer, découverte à marée basse et recouverte à marée haute.

Section 1 : Les espaces soumis à la souveraineté pleine et entière de l'État

Les espaces maritimes soumis à la souveraineté pleine et entière de l'État sont : les eaux intérieures et la mer territoriale.

1. Les eaux intérieures

Il s'agit des eaux situées en deçà des lignes de base, des eaux enclavées dans les terres (lacs ou mers fermées comme la mer Morte, la mer d'Aral ou la mer Caspienne), des ports, y compris les installations permanentes faisant partie intégrante d'un système portuaire qui s'avance vers le large, les estuaires, les baies conventionnelles et les baies historiques.

Les baies conventionnelles sont des échancrures dont la superficie est au moins égale à celle d'un demi-cercle ayant pour diamètre la droite tracée en travers de l'entrée de l'échancrure (la superficie étant mesurée entre la laisse de basse mer du rivage de l'échancrure et la droite joignant les laisses de basse mer aux points d'entrée naturels). Avec une telle définition, le concept des baies très restreint et de peu d'échancrure constitue des baies, d'autant que la Convention exige qu'un seul État soit riverain.

Si la distance entre les laisses de basse mer aux points d'entrée naturels d'une baie, n'excède pas 24 milles marins, une ligne peut être tracée entre ces deux laisses de basse mer, et les eaux se trouvant en deçà de cette ligne sont considérées comme eaux intérieures. Si la distance excède 24 milles (baie d'Hudson au Canada ou de Pierre le Grand en Russie), l'État tracera une ligne de base droite de 24 milles à l'intérieur de la baie en prenant comme point de départ l'échancrure lui permettant d'enfermer l'étendue d'eau maximale.

Pour les baies historiques, certains États côtiers ont fait admettre qu'ils jouissent des droits pouvant aller jusqu'au régime des eaux intérieures dans certains estuaires, baies ou golfes en raison d'activités anciennes. C'est le cas par exemple de la baie de Fundy (États-Unis d'Amérique et Canada), du Rio de la Plata (Argentine et Uruguay), etc.

Pour l'embouchure des fleuves qui ne forment pas un estuaire, la Convention de Montego Bay autorise l'État riverain à tracer sa ligne de base à partir des points extrêmes limites de la marée basse, sous réserve des cas particuliers.

Les eaux intérieures relèvent de la compétence exclusive et territoriale de l'État riverain, sous réserve du respect des règles de navigation et, en particulier, de l'accès des navires aux ports. Ainsi, les eaux intérieures sont soumises à la compétence, à la souveraineté territoriale exclusive de l'État riverain.

2. La mer territoriale

La mer territoriale ne fait pas, en droit positif, l'objet d'une définition. Elle est décrite comme l'espace situé au-delà de la ligne de laisse de basse mer et d'une largeur de 12 milles depuis la Convention de Montego Bay contre 3 milles marins avant la Convention. Il s'agit d'une zone considérée comme le prolongement du territoire terrestre, soumise à la souveraineté de l'État côtier. Aisée à mettre en œuvre dans les côtes rectilignes, la méthode est difficile à appliquer dans les cas de côtes échancrées ou bordées d'ilots. C'est la raison pour laquelle plusieurs États ont préféré le système des lignes de base droite reliant les points appropriés selon les termes utilisés par la Cour Internationale de Justice en 1951 dans l'affaire des Pêcheries[8].

Un mécanisme de délimitation spécifique a été prévu pour les États archipélagiques. L'étendue de la mer

[8] CIJ, *Pêcheries anglo-norvégien,* 18 décembre 1951, Recueil

territoriale, de la zone économique exclusive et du plateau continentale est calculée à partir de lignes englobant les îles composant l'État. On conservera dans cette hypothèse le *droit de passage archipélagique*.

Les eaux qui se situent avant la ligne de basse mer font partie intégrante des eaux intérieures de l'État. Il existe trois cas particuliers pour la délimitation de la mer territoriale :

- Si deux États sont séparés l'un de l'autre par une mer inférieure à 24 miles marins, la limite correspond à une ligne tracée à égale distance des lignes de base des deux États ;

- Si deux États sont contigus, la limite est équidistante des deux lignes de base diagonales ;

- Dans le cas d'un État archipel, les lignes de base droites relient les points extrêmes des îles les plus éloignées et des récifs découvrants de l'archipel, à condition que le tracé de ces lignes englobe les îles principales et définisse une zone où le rapport de la superficie des eaux à celle des terres, atolls inclus, soit compris entre 1 à 1 et 9 à 1.

Dès lors, les eaux archipélagiques sont soumises au statut des eaux territoriales. Cela signifie que la souveraineté de l'État s'étend aux eaux archipélagiques, quel que soient leur profondeur ou leur éloignement de la côte. Cependant, la libre circulation des navires étrangers est possible par des routes de navigation que fixe l'État archipel. Par ailleurs, cette souveraineté s'étend à l'espace aérien situé au-dessus, ainsi qu'au fonds de ces eaux, au sous-sol correspondant, et aux ressources qui s'y trouvent.

La souveraineté de l'État s'étend sur cette zone, qu'il s'agisse des eaux, de l'espace aérien situé au-dessus ou du fond et du sous-sol de cette mer. L'État y exerce donc sa souveraineté pleine et entière, comme sur son territoire (réglementation de la pêche et de la navigation, réglementation sanitaire et douanière, droit d'arraisonner, de capturer, et de juger, droits souverains sur le fond et le sous-sol ainsi que sur l'espace aérien surjacent).

Toutefois, la seule limite à la souveraineté nationale découle du *droit de passage inoffensif* reconnu aux navires étrangers. Au terme des articles 17 à 32 de la convention dite de Montego Bay, on entend par droit passage inoffensif, le fait de naviguer de façon perpendiculaire, continue et rapide dans la mer territoriale, aux fins de la traverser ou de s'y rendre ou de quitter les eaux intérieures, sans porter atteinte à la paix, au bon ordre ou à la sécurité de l'État côtier, ne pas donner lieu à des activités de pêche ou de pollution, ou à une activité sans rapport direct avec le passage.

La convention de 1982 précise les conditions de ce passage, notamment l'obligation faite aux sous-marins et autres véhicules submersibles de s'identifier et de naviguer en surface et d'arborer leur pavillon. Quant au *droit de passage dans les eaux archipélagiques*, il est reconnu, et c'est l'État archipel qui définit les routes maritimes.

L'extension à 12 milles des mers territoriales ayant placé un certain nombre de détroits internationaux (voir *infra*) sous la souveraineté des États côtiers, la Convention a prévu qu'un régime particulier s'y appliquerait, afin de préserver l'intérêt stratégique qu'ils représentent pour la navigation internationale.

3. Les eaux archipélagiques

Les eaux archipélagiques sont constituées par l'espace maritime situé à l'intérieur d'un périmètre établi par les États archipels, catégorie juridique consacrée par la Convention de 1982. Le problème en effet était de limiter au maximum les tentatives de faire des eaux archipélagiques une *mare closum* ou une mer patrimoniale fermée qui aurait risqué de porter atteinte à la navigation en particulier. C'est ainsi que la

Convention a déterminé les critères de délimitation avec le souci constant d'assurer le respect des droits des États tiers.

Les États-archipels océaniques, constitués entièrement par un ou plusieurs archipels, peuvent tracer des lignes de base droites qui relient les points extrêmes des îles les plus éloignées et des récifs découvrants de l'archipel. Le tracé de ces lignes de base doit englober les îles principales et définir une zone où le rapport de la superficie des eaux à la terre, atolls inclus, est compris entre 1 et 9. Toutefois, une limite de distance est établie en ce qui concerne la longueur de ces îles, à savoir 100 milles marins au maximum et 3 % au maximum du nombre total de lignes peuvent avoir une longueur supérieure à 125 milles. Les lignes connues sous l'appellation de lignes de base archipélagiques servent à déterminer la largeur de la mer territoriale, de la zone économique exclusive et du plateau continental de l'État-archipel.

La souveraineté des États-archipels s'étend sur la totalité des eaux archipélagiques, qu'il s'agisse de la colonne d'eau, du sol et du sous-sol et de l'espace aérien de cet espace. Les droits des États voisins et des tiers font l'objet d'aménagements particuliers, dans la mesure où pèse sur l'État archipel l'obligation de négocier et de conclure avec les États riverains des accords bilatéraux relatifs à l'exercice par ces États de leurs droits et intérêts légitimes.

Section 2 : Les espaces soumis aux droits exclusifs à finalité économique

1. La zone contiguë

La zone contiguë est une bande de mer d'une largeur allant jusqu'à 12 milles située immédiatement au large de la ligne extérieure de la mer territoriale.

Trouvant son origine dans une loi américaine de 1920 visant à faire respecter la prohibition de l'alcool, la zone contiguë constitue un « espace tampon » dans lequel l'État ne dispose que de quelques compétences finalisées en matière de douane, d'immigration, de pêche et d'hygiène. Bien que l'État côtier ne puisse exercer sa réglementation dans la zone contiguë, il peut toutefois y intervenir lorsqu'il y a violation de ses lois sur son territoire ou à l'intérieur de sa mer territoriale.

Cet espace tampon empêche les navires d'enfreindre la loi et de prendre rapidement le large pour se mettre hors de portée de l'État côtier. Cette zone a perdu une partie de son intérêt avec la création de la zone économique exclusive.

2. La zone économique exclusive

La zone économique exclusive (ZEE) est la création principale *ex novo* de la Convention de Montego Bay de 1982. Il s'agit d'une pierre angulaire de la nouvelle convention sur le droit de la mer. La négociation portant sur l'adoption de cette notion a mis en relief les contradictions d'intérêt entre, d'une part, les États côtiers et la communauté internationale et, d'autre part, les États en développement et les puissances maritimes.

La convention de 1982 a tenté d'assurer une synthèse entre les différentes pratiques des États en ce qui concerne l'appropriation des espaces maritimes. À cette fin, elle a consacré les droits patrimoniaux des États riverains sur l'ensemble des ressources situées dans la zone économique exclusive, tout en confirmant les libertés traditionnelles de la haute mer dans cet espace.

En effet, la zone économique exclusive est constituée par l'étendue de mer située au-delà de la ligne de base jusqu'à une limite maximale de 200 milles, c'est-à-dire après soustraction de la mer territoriale, un maximum de 188 milles pour les États qui ont fixé leur mer territoriale à 12.

Sa largeur maximale est de 200 milles marins à partir des lignes de base. L'État côtier exerce sur cet espace maritime « *des droits souverains* », c'est-à-dire des prérogatives sur lesquelles l'État riverain exerce une compétence de principe dans le cadre d'un régime international aménagé. Il s'agit des compétences affectées « *aux fins d'exploration et d'exploitation, de conservation et de gestion, des ressources naturelles, biologiques ou non biologiques, des eaux surjacentes au fonds marins, des fonds marins et de leur sous-sol, ainsi qu'en ce qui concerne d'autres activités tendant à l'exploration et à l'exploitation de la zone à des fins économiques, telles que la production d'énergie à partir de l'eau, des courants et des vents* ».

En matière de pêche, l'État riverain détermine discrétionnairement tant le niveau des autorisations de prises maximales que sa propre capacité de pêche. Le caractère souverain de ces droits s'étend également à ce qui concerne l'exercice de la compétence de principe relative à la mise en place d'îles artificielles, d'installations, ainsi que la réglementation de la recherche scientifique et de la protection de l'environnement.

L'aménagement international de l'exercice de cette compétence de principe se situe à un double niveau. D'abord en ce qui concerne l'obligation de partager le surplus de stock auquel ont prioritairement droit les États sans littoral et les États en développement. Ce partage se réalise par la voie des accords d'accès aux ressources, bilatéraux, sous-régionaux ou régionaux. Le second niveau de la réglementation internationale afférent à l'exercice de la compétence de principe se situe au niveau des immunités des actes de l'État riverain. En effet, aux termes des dispositions qui régissent le règlement des différends, les actes de l'État riverain relèvent du domaine de la *conciliation obligatoire.*

Par ailleurs, dans la zone économique exclusive d'un État, tous les autres États jouissent des *libertés de navigation, de survol, de poser des câbles sous-marins et des pipe-lines* ; d'autre part, les droits reconnus à l'État sont fonctionnels, c'est-à-dire que l'État côtier peut *installer et exploiter des îles artificielles* ainsi que *des ouvrages* de mer ; effectuer la *cherche scientifique* marine. Par sa réglementation, il doit garantir la *protection* de l'environnement et régir *l'exploitation des courants et vents* de cet espace pour la production de l'énergie.

Contrairement au plateau continental, la zone économique exclusive doit faire l'objet d'une *proclamation* par l'État côtier. Les droits souverains que l'État exerce sur cette zone, sont donc conditionnés par cet acte unilatéral.

La possession d'une telle zone est un facteur de puissance pour les États. En termes de zone économique exclusive, les cinq États les mieux lotis sont[9] : les États-Unis d'Amérique avec 11.351.000 km^2 ; la France avec 11.035.000 km^2, l'Australie avec 8.148.250 km^2, la Russie avec 7.566.673 km^2, le Canada avec 5.599.077 km^2.

Depuis quelques années, un nouvel espace maritime est apparu comme une déclinaison de la zone économique exclusive : la *Zone de Protection Ecologique* (ZPE) érigée par certains pays dont la France avec sa loi du 15 avril 2003. À l'instar d'autres pays, cette loi permet désormais de poursuivre les infractions (dégazage et autres pollutions maritimes volontaires) liées à la pollution des eaux au-delà des 12 milles et jusqu'à 60 milles en Méditerranée. Auparavant, les infractions ne pouvaient être incriminées que par l'État du pavillon, et ne l'étaient guère par les tribunaux de l'État côtier.

---

9 Michel DEYRA, *droit international public,* Paris, 2 éd. Gualino, 2010, p. 61

3. Le plateau continental

Formulé sur le plan juridique en 1945 avec la proclamation Truman[10], première manifestation expresse d'un État vis-à-vis des ressources du plateau continental, le plateau continental a vu sa doctrine justifiée par le besoin national pressant d'approvisionnement en ressources naturelles et de protection des côtes américaines. Le caractère osé et innovateur de cette déclaration révèle que la doctrine du plateau continental était, dans les années 1950 en cours d'émergence. La cascade de déclarations unilatérales et la grande diversité de leur nature juridique brouillèrent quelque peu les pistes des raisons motivant les États à affirmer leur pouvoir sur le seul plateau continental. Ceci s'explique notamment par l'absence de procédure, à cette époque, permettant de fixer la limite extérieure du plateau continental.

En effet, la convention de Genève, en consacrant la notion de plateau continental en droit positif, ne représente qu'une étape dans l'évolution du régime juridique du droit du plateau continental. En effet, le plateau continental a été défini dans les termes suivants : « *Le lit de la mer et le sous-sol des régions sous-marines adjacentes aux côtes mais situées en-dehors de la mer territoriale jusqu'à une profondeur de 200 mètres au-delà de cette limite jusqu'au point ou la profondeur des eaux surjacentes permet l'exploitation des ressources naturelles desdites régions* ». Cette définition morphologique a été critiquée dans la mesure où le critère d'exploitabilité retenu comme fondement de la limite extérieure du plateau continental était perçu comme trop subjectif et manquait de précision rigoureuse. Cette définition soulevait en outre les difficultés liées aux activités et aux ressources du plateau continental.

---

[10] Virginie J.M. Tassin, *Les défis de l'extension du plateau continental : La consécration d'un nouveau rapport de l'État à son territoire*, Paris, Pedone, 2013, pp.3941

L'une des innovations de la Convention de 1982 est la fixation de la limite extérieure du plateau continental. En effet, elle substitue au principe de l'exploitabilité des critères plus certains et moins contestables, en ce qui concerne la délimitation, tout en réaffirmant le régime juridique de cet espace particulier.

A. Les limites extérieures du plateau continental

Les limites extérieurs de plateau continental d'un État sont constituées par le rebord externe de la marge continentale ou jusqu'à 200 milles marins à partir de la ligne de base de la mer territoriale. Le critère d'isobathie[11]retenu en 1958 a été écarté au profit d'un critère de distance. Mais le critère de distance n'est pas le critère absolu. Si naturellement le plateau continental s'étend au-delà de 200 milles, l'État côtier peut se référer : « *aux points fixes extrêmes ou l'épaisseur des roches sédimentaires est égale au centième au moins de la distance entre le point considéré et le pied du talus continental* » (article 76-5 de la convention de Montego Bay) pour déterminer le rebord extrême.

La limite extrême du plateau continental ne peut être éloignée de plus de 350 milles marins des lignes de base ou de 100 milles de l'isobathe de 2.500 mètres. Autrement dit, le plateau continental comprend les fonds marins et leur sous-sol, au-delà de la mer territoriale sur toute l'étendue du prolongement naturel du territoire terrestre de cet État, jusqu'au rebord externe de la marge continentale.

L'article 76 de la convention indique que le plateau continental de tout État côtier s'étend jusqu'à 200 milles, que cet État soit ou non détenteur d'un véritable plateau continental géographique. Ce plateau peut cependant s'étendre jusqu'à 350 milles si l'État dispose d'un plateau

---

[11]Isobathie est composé de mots grecs *isos* qui signifie égal et *bathos* qui veut dire profondeur. Il s'agit d'une courbe reliant les points d'égale profondeur sous terre ou sous l'eau.

continental géomorphologique d'une largeur égale ou supérieure à cette distance. Mais pour prétendre à cette extension, l'État côtier doit déposer un dossier devant la Commission des limites du plateau continental (CLCS) qui a été créée pour faciliter l'application de la Convention, en ce qui concerne l'établissement des limites extérieures du plateau continental. La tâche de la Commission consiste à procéder à l'examen des demandes et à formuler des recommandations et conseils aux États côtiers.

B. Le régime juridique du plateau continental

La définition du régime juridique du plateau continental a été le complément apporté à la délimitation dans les œuvres de la convention de 1982. Dans leurs grandes lignes, le régime de droits souverains applicables à la zone économique exclusive peuvent être transposés *mutatis mutandis* en ce qui concerne le plateau continental. La philosophie des régimes juridiques se rapproche et on peut les résumer comme étant des droits souverains relevant de la compétence de principe de l'État côtier, droits finalisés à des fins essentiellement économiques. Le développement des travaux d'exploration et d'exploitation des hydrocarbures offshore sur le plateau continental a amené la conférence sur le droit de la mer à rappeler la responsabilité spécifique de l'État côtier en matière de lutte contre la pollution.

Enfin, la convention de 1982 a aménagé un régime quasi fiscal international pour l'exploitation des ressources au-delà de la limite de 200 milles marins. En effet, la Convention a prévu un système de versements de contributions en nature ou en paiement au titre de l'exploitation des ressources non biologiques du plateau continental dans cette partie du plateau ainsi définie. Ces versements doivent être effectués au profit de l'Autorité internationale des fonds marins ; après les premières années d'exploitation, une dispense d'obligation de paiement pour les pays en développement a été établie. Il s'agit d'une contribution assise sur une partie des ressources considérées comme relevant du patrimoine commun de l'humanité et devant échapper au principe de la territorialité de la compétence de l'État côtier sur l'ensemble du plateau continental.

En d'autres termes, L'État côtier ne dispose sur cet espace que des droits « finalisés ». Il peut explorer ou exploiter de manière exclusive les ressources naturelles de son plateau continental. Ces *droits sont exclusifs*, en ce sens que si l'État côtier n'explore pas le plateau continental ou n'en exploite pas les ressources naturelles, nul ne peut entreprendre de telles activités sans son consentement exprès. Ces ressources naturelles comprennent les ressources minérales et autres ressources non biologiques des fonds marins et de leur sous-sol, ainsi que les organismes vivants qui appartiennent aux espèces sédentaires, c'est-à-dire les organismes qui, au stade où ils peuvent être pêchés, sont soit immobiles sur le fond ou au-dessous du fond, soit incapables de se déplacer autrement qu'en restant constamment en contact avec le fond ou le sous-sol.

En théorie, ces droits souverains ne doivent pas porter préjudice au régime de liberté de navigation des eaux surjacentes ou de l'espace aérien situé au-dessus de ces eaux, ainsi que la liberté de la pose des câbles et éventuellement la pêche dans le cas où les eaux surjacentes de trouvent au-delà de la zone économique exclusive.

L'emprise étatique sur le plateau continental s'étendant au-delà de 200 milles est réduite. En cas d'exploitation, l'État côtier doit verser une contribution à l'Autorité internationale des fonds marins (AIFM).

Section 3 : Le droit de l'accès à la mer

L'intervention des États de l'Organisation de l'Unité Africaine (remplacée par l'Union Africaine) a été efficace en ce qui concerne le droit des États sans littoral, l'accès à la mer et le droit de transit terrestre qui leur est reconnu.

1. L'accès à la mer

En rappelant le droit d'accès à la mer des États sans littoral, la Convention de 1982 met un point final à une revendication historique des États sans littoral. Ce droit d'accès à la mer signifie tout d'abord le *droit au pavillon.* Il s'agit d'un droit inhérent au statut et à la qualité d'État sans considération des caractéristiques géographiques des différents États. Sur tous les espaces maritimes, les navires des États sans littoral jouissent des mêmes droits et sont soumis aux mêmes obligations que les navires des États côtiers.

Le second volet de ce droit est constitué par le droit pour les navires des États sans littoral d'accéder aux ports. Mais ce droit d'accéder aux ports soulève des difficultés particulières dans la mesure où l'absence de réciprocité en matière de traitement des navires par les États sans littoral faute de côtes, peut être source de discriminations au détriment des pavillons des États sans littoral. Ainsi, la Convention de 1982 a-t-elle tenu à poser le principe non pas de liberté des mers en tant que telle mais celui de la prohibition des traitements discriminatoires au détriment des États sans littoral et de leurs navires. L'uniformisation des libertés maritimes au profit des États sans littoral laisse en dehors du champ d'application du régime général international le régime de jouissance des droits maritimes des États sans littoral dans le cadre du voisinage géographique.

2. Le régime juridique de transit terrestre

L'aménagement du droit de transit des États sans littoral à travers le territoire des Etats les séparant de la mer, représente une des principales innovations de la convention de 1982. Les droits et les obligations relatifs au trajet d'un point du territoire sans littoral à un autre point, notamment un port maritime d'un État côtier font désormais l'objet d'un régime juridique particulier que ce trajet traverse ou non un ou plusieurs États.

L'aménagement du *droit de transit terrestre* est une des manifestations du principe de la liberté des mers reconnue à tous les États. Il s'agit d'un droit fondamental consacré de façon positive, alors que dans les dispositions conventionnelles antérieures les États concernés étaient invités à entrer en négociation en vue de la conclusion d'une convention de transit *stricto sensu*, mais envisage le statut du trafic en transit qui ne peut être refusé par les autorités de l'État de passage.

Les modalités de ce passage peuvent être très diverses, telles que la désignation d'un itinéraire obligatoire, le choix d'un mode spécifique de transport, ainsi que l'observation de certaines formalités spéciales. Mais toutes ces conditions, définies par l'État de passage, ne doivent pas être de nature à empêcher la circulation des personnes et des biens ni à créer des obstacles insurmontables pour le trafic. Ces facilités ne privent pas l'État de passage de la possibilité de prendre, de bonne foi, des mesures destinées à protéger ses intérêts légitimes.

En revanche, les États sans littoral ne *sont pas soumis à l'obligation de réciprocité* pour des raisons géographiques évidentes, mais en même temps, ils doivent s'interdire de commettre des abus de droit en ce qui concerne l'exercice de ce droit de transit. Des dispositions techniques ont aménagé la mise en œuvre de ce droit de transit, en ce qui concerne les mesures à prendre pour éviter les retards et les difficultés techniques dans les transports en transit. Par exemple sont autorisées la création de *zones franches* ou des *facilités douanières.* En outre, les taxes que peut lever l'État de passage, ne doivent correspondre qu'à une *rémunération des prestations spécifiques*, autant que faire se peut, même dans le cadre de la clause de la nation la plus favorisée.

3. La délimitation des espaces maritimes des États dont les côtes se font face ou sont adjacentes

Il s'agit du problème juridique par excellence relevant du contentieux international. En effet, la jurisprudence abonde d'exemples de délimitations compte tenu de la géographie et de l'histoire des relations politiques entre États voisins et riverains.

En matière de délimitation latérale et frontale de la mer territoriale et des eaux intérieures, la règle de droit international est établie de façon non équivoque. La ligne médiane constituée par tous les points équidistants des points les plus proches des lignes de base à partir desquelles est mesurée la largeur de la mer territoriale de deux États est la règle.

Il n'en va pas de même en ce qui concerne la délimitation du plateau continental et de la zone économique exclusive. La délimitation du plateau continental a été source de difficultés et de contentieux soumis au règlement juridictionnel. Le problème en effet était de savoir si la règle ou la méthode de l'équidistance avait une portée juridique en raison des observations de la Cour Internationale de Justice dans l'affaire du *Plateau continental de la mer du Nord.* Selon la Cour, la méthode de l'équidistance n'avait rien de contraignant et, par ailleurs, il n'existait aucune méthode unique, obligatoire en toutes circonstances. Ainsi, en la matière, la Cour prescrivait la prise en considération des circonstances particulières, telles que la configuration générale des côtes des parties et la présence de toutes caractéristiques spéciales ou inhabituelles, la structure géologique, physique, et les ressources naturelles des zones de plateau continental en cause, autant que cela soit connu ou facile à déterminer.

C'est ainsi que : « *le rapport raisonnable qu'une délimitation opérée conformément à des principes équitables devrait faire réapparaître entre l'étendue des zones du plateau continental relevant de l'État riverain et la longueur de son littoral, mesuré suivant la direction générale de celui-ci*[12] ».

Au cours de la troisième conférence des Nations Unies sur le droit de la mer, l'antagonisme était vif entre les États préconisant le couple équidistance-circonstance spéciales figurant à l'article 6 de la Convention de Genève de 1958, et son extension dans la zone économique exclusive, avec comme conséquences juridiques le statut privilégié de l'équidistance par rapport aux circonstances spéciales d'une part, et d'autre part, les États partisans de principes équitables, désireux d'exclure des nouvelles règles de délimitation toute référence explicite à l'équidistance. Faute d'accord entre les principaux groupes intéressés, une solution dite transactionnelle, qui n'en est pas une, fut retenue pour résoudre les problèmes de délimitation de la zone économique exclusive et du plateau continental.

En effet, « *La délimitation de la zone économique exclusive ou du plateau continental entre États dont les côtes sont adjacentes ou se font face, est effectuée par voie d'accord, conformément au droit international tel qu'il est visé à l'article 38 du Statut de la Cour internationale de Justice, afin d'aboutir à une solution équitable* » (article 74 et article 83). Tels sont les éléments qui caractérisent le régime juridique de la délimitation.

En premier lieu, la priorité était reconnue à la règlementation conventionnelle de la délimitation. En

---

[12] CIJ, Recueil 1969

second lieu, l'accord de délimitation doit s'inspirer des principes coutumiers et des règles conventionnelles applicables en la matière. La référence aux règles conventionnelles vise l'article 6 de la convention de 1958 sur le plateau continental qui continuera à régir les rapports entre les États parties à cette convention. En dernier lieu, l'accord de délimitation doit déboucher sur une solution équitable. La formule retenue dans la convention de 1982 ne rend pas compte avec exactitude des difficultés rencontrées pour résoudre ce problème de la délimitation avec le point crucial relatif au statut de l'équidistance comme méthode à appliquer. En visant la poursuite des résultats équitables, l'article suppose-t-il que seules doivent être appliquées des règles équitables. Mais cet hommage aux principes et règles équitables n'apporte pas pour autant des éléments de précision quant à l'acception de ces concepts. Par ailleurs une difficulté subsiste dans la mesure où les articles 74 et 83 reprennent textuellement la même formule pour le plateau continental et la zone économique exclusive. Il s'agit d'espaces maritimes distincts dont les limites extérieures ne se recouvrent pas nécessairement. La difficulté apparaît lorsque les États intéressés choisissent, soit par voie conventionnelle, soit par voie juridictionnelle, une ligne unique de délimitation comme dans les affaires du *Golfe du Maine* ou de la *Sentence arbitrale* opposant la Guinée-Bissau au Sénégal.

Section 4 : Les espaces maritimes internationalisés

La convention de Montego Bay a consacré l'existence et le régime de ces espaces. À côté de la haute mer qui représente 64 % de la surface des océans et qui est dominée par le principe de *liberté*, la Convention crée la *zone internationale des fonds marins* appelée la « Zone », dont les fonds et leurs sous-sol, constituent le *patrimoine commun de l'humanité* soumis à un contrôle international.

1. La Zone internationale des fonds marins

La consécration de la zone internationale des fonds marins comme patrimoine commun de l'humanité, représente la création la plus spectaculaire de la convention de 1982. À ce titre, cette zone est soumise à un régime spécial d'exploration et d'exploitation dont le pilotage est assuré par des structures institutionnelles particulières.

A. Le patrimoine commun de l'humanité

Le paragraphe premier de la déclaration 2749 de la vingt-cinquième Assemblée générale des Nations Unies, ainsi que l'article 136 de la convention de 1982 proclament : « *La zone et ses sources sont le patrimoine commun de l'humanité* ».

Il s'agit dorénavant d'une règle de droit positif. La zone internationale des fonds marins située au-delà des limites de la juridiction nationale des États côtiers est soumise à un régime spécifique, celui du *patrimoine commun de l'humanité*. Ce régime exclut toute possibilité d'appropriation privative de la zone ou de ses ressources.

L'exclusion de l'appropriation est entendue dans le sens le plus large puisqu'elle comprend non seulement l'espace en question mais également les ressources provenant de l'exploitation de cet espace. Les activités d'extraction menées dans la zone sont placées sous le contrôle de l'Autorité internationale des fonds marins. Les droits sur les ressources essentiellement minérales sont attribués non aux États mais à l'humanité tout entière, par-delà les espaces et par-delà les générations. La communauté internationale n'en est que le gestionnaire afin de faire sortir les héritiers de leur condition actuelle. Le patrimoine commun de l'humanité est un concept juridique à vocation prospective dont l'effectivité sera fonction directe de l'aptitude de la communauté internationale à résoudre les contradictions d'intérêts caractéristiques de la société internationale contemporaine.

En effet, la possibilité de récolter les nodules polymétalliques, contenant des métaux de valeur tels que le nickel, le manganèse, le cuivre et le cobalt, a suscité la crainte que seuls les pays industrialisés, possédant les capitaux et la technologie nécessaires, ne retirent les avantages économiques liés à l'exploitation minière, avec comme corolaire, un manque à gagner pour les États en développement.

B. Exploration et exploitation de la zone internationale des fonds marins

L'exploration et l'exploitation de la zone internationale des fonds des mers font partie intégrante de la définition juridique des espaces marins. Elles sont liées au statut international de la zone. La préoccupation des États en développement était double : empêcher l'accaparement des ressources des fonds marins par les États technologiquement et financièrement avancés et leurs entreprises et assurer une garantie de la stabilité des revenus tirés de l'exploitation des ressources d'origine tellurique. Le marché international des matières premières risque en effet d'être submergé par les produits concurrents en provenance de la zone internationale des fonds marins.

Ainsi, c'est dans le cadre dirigiste que la Convention de 1982 a aménagé le régime juridique de l'exploitation en l'articulant autour de trois idées essentielles : le système parallèle pour l'attribution des secteurs, la limitation de la production d'origine maritime ou la politique de production dans l'exploitation des fonds marins, et un mécanisme d'arrangements financiers.

C. Le système parallèle et l'attribution des secteurs d'exploration et d'exploitation

L'idée d'un système parallèle d'exploration et d'exploitation est apparue comme atténuation de l'approche dirigiste compte tenu des conséquences tirées de la notion de patrimoine commun de l'humanité. Le système parallèle se définit comme l'aménagement de la répartition des activités d'exploration et d'exploitation entre d'un côté les États ou les entités patronnées par les États et de l'autre l'Autorité internationale des fonds marins. Celle-ci agit soit en association avec les pays en développement, soit en exploitation directe par le canal de l'entreprise. L'annexe III décrit les dispositions de base régissant la prospection, l'exploration et l'exploitation dans la zone et l'article 8 de ladite annexe, traitant de la réservation de secteurs, détermine les conditions dans lesquelles peut être mis en œuvre le système dit parallèle. Le système dit parallèle est articulé autour de trois notions essentielles : la notion de plan de travail, l'attribution de secteurs et la clause anti-monopole

- *Le plan de travail*

Le plan de travail est l'instrument juridique de la direction et du contrôle des activités d'exploitation et d'exploration dans la zone. On le qualifie de contrat lorsqu'il s'agit de la charte décrivant les activités menées par les personnes juridiques autres que l'Entreprise de l'Autorité internationale des fonds marins dans les secteurs non réservés.

Tout candidat à l'exploitation et à l'exploration des fonds marins doit présenter un plan de travail qui répond aux conditions strictes et impératives. Ces conditions sont liées à la personnalité juridique du candidat à l'exploitation et comportent des renseignements relatifs à sa capacité, à sa volonté d'assurer le transfert des techniques au profit de l'Entreprise. Par ailleurs, la proposition décrit l'objet du plan d'exploitation et d'exploration. Dans ce plan de travail, le demandeur indique des coordonnées qui permettent d'identifier la zone dans laquelle il sollicite le permis à l'Autorité internationale des fonds marins. Cette identification de zone doit recouvrir un espace non nécessairement d'un seul tenant mais qui peut faire l'objet d'une division entre deux zones commerciales de production. Le respect de ces conditions par le demandeur facilite, voire l'automaticité, de prise de décision de l'Autorité internationale des fonds marins relative à l'attribution du secteur à exploiter.

- *L'attribution du secteur*

Se fondant sur les demandes du requérant, l'Autorité statue sur la superficie du secteur à attribuer à ce dernier. La convention ne fixe pas a priori l'étendue de ce secteur. Il s'agit d'une décision au cas par cas, qui doit tenir compte d'un certain nombre de facteurs : la situation des droits de l'Autorité sur les secteurs réservés, les exigences imposées par la politique de production de l'Autorité internationale des fonds marins, l'état des techniques d'exploitation minière des fonds marins et les caractéristiques physiques du secteur considéré. Compte tenu d'un certain nombre de données techniques fournies par le *Massachussetts Institute of Technology*, l'annexe I, résolution 2, paragraphe 1. E, limite à 150 000 km² la surface maximale susceptible d'être attribuée à un requérant dans la première phase préliminaire d'exploration et d'exploitation. La partie indiquée dans le plan de travail qui n'a pas fait l'objet d'attribution, revient à l'entreprise et constitue le secteur réservé.

- *La clause anti-monopole*

La clause anti-monopole a une double dimension. D'abord, elle limite l'étendue maximale de secteurs susceptibles d'être attribués à un même État ou à un même requérant. Si l'État, qui présente ou patronne le plan de travail en cours d'examen, a déjà fait approuver des plans de travail dans des secteurs non réservés, il ne pourra bénéficier d'un nouveau secteur dont la superficie totale, cumulée avec l'une de deux zones du secteur proposé, est supérieur à 30 % de celle d'une zone circulaire de 400.000 km², calculés à partir du centre de l'une ou de l'autre partie de la zone visée dans le plan de travail proposé. Si, au contraire, il s'agit d'un État qui bénéficie déjà de plans de travail dans des secteurs non réservés pour un ensemble couvrant 2 % de la superficie totale de la zone non réservée des fonds marins et dont la mise en exploitation n'a pas été exclue par l'Autorité dans le cadre de sa politique d'environnement, cet État peut se voir attribuer de nouveaux secteurs. Ainsi, la Convention de 1982 prohibe les politiques d'accaparement et de constitution d'un portefeuille de secteurs réservés.

Le second volet de la clause anti-monopole concerne le régime de la concurrence en matière d'exploitation. Cette concurrence intervient en cas de pluralité de demandeurs pour l'exploitation de secteurs réservés ou de secteurs non exclus. En cas de demande formulée par un consortium international, on calcule la répartition des secteurs au prorata des droits détenus respectivement par les États dans ce consortium.

D. Les arrangements financiers

Les arrangements financiers représentent le dernier volet du régime de l'exploitation et constituent, en quelque sorte, le droit d'accès à l'exploitation et à la commercialisation des produits relevant du patrimoine commun de l'humanité. En plus d'un droit de demande fixé à 500.000 dollars, les contractants doivent verser des contributions sous deux formes. La première forme de contribution est constituée par une redevance assise sur la production et calculée sur la valeur marchande des métaux traités. Pendant la première période de dix ans, le taux est fixé à 5 % pour passer ensuite à 12 %. La seconde forme combine redevance sur la production et sur une part des recettes nettes. La part des recettes nettes revenant à l'autorité varie entre 35 et 70 % selon le rendement de l'investissement. L'assiette de la contribution est constituée par des recettes nettes imputables au secteur minier considéré.

E. Le mécanisme institutionnel de l'exploitation de la Zone internationale de fonds marins

Le mécanisme se fonde sur l'idée que les institutions ne sont que des gestionnaires pour le compte de l'humanité du patrimoine commun institué. Trois principes forment les idées directrices : une organisation internationale spéciale dotée des pouvoirs particuliers : l'Autorité internationale des fonds marins ; une institution opérationnelle qui est l'Entreprise ; un mécanisme spécifique de règlement des différends relatifs aux fonds marins grâce à une chambre du Tribunal international du droit de la mer.

- L'Autorité internationale des fonds marins

Sur le plan formel, l'Autorité internationale des fonds marins, dont le siège a été fixé à Kingston (Jamaïque), ressemble à une organisation internationale et repose sur le principe de *l'égalité souveraine* des États membres. Elle comprend les organes traditionnels d'une organisation internationale, à savoir : une Assemblée plénière, un Conseil restreint et un Secrétariat.

Les relations entre le Conseil et l'Assemblée constituent le problème le plus délicat pour le fonctionnement de l'Autorité. L'Assemblée, en effet, dispose du pouvoir d'orientation générale de la politique de l'autorité des fonds marins, en statuant à la majorité absolue de ses membres et non à la majorité qualifiée des deux tiers. Elle dispose par ailleurs de la compétence résiduelle.

Le Conseil, en revanche, organe plus restreint de 36 membres, s'efforce d'assurer la plus grande représentativité de la composition de l'organisation, en combinant dans son recrutement les critères géographiques et les critères de la représentation d'intérêts. Il a le pouvoir d'arrêter les politiques spécifiques à suivre par l'Autorité en fonction des dispositions de la majorité variant selon l'importance des sujets. Ainsi, la majorité de 2/3 est requise pour 19 questions, par exemple le contrôle des activités dans la zone ou le choix des demandeurs d'emploi. Enfin, le consensus est requis pour des questions affectant l'équilibre général de la convention, telles que les règles relatives à l'exploitation minière et au partage des avantages financiers ainsi que les amendements relatifs à l'exploitation et à l'exploration. À côté des pouvoirs délibératifs, l'Autorité comporte des commissions chargées de préparer la décision des organes délibératifs, tandis que le Secrétaire général est élu pour quatre ans.

- *L'Entreprise*

L'entreprise constitue le bras opérationnel de l'Autorité et sa création constitue une originalité de l'institution. Elle est dotée de la capacité juridique et bénéficie des privilèges et immunités nécessaires pour l'accomplissement de l'exploitation dans la zone internationale.

- *La chambre des fonds marins du Tribunal international du droit de la mer*

La chambre pour le règlement des différends représente la dernière dimension institutionnelle de l'Autorité. Il s'agit d'une chambre spéciale du Tribunal international du droit de la mer chargée d'assurer l'application de la convention, des règles et règlements de l'Autorité et les clauses du contrat. La chambre est compétente pour connaître tous les différends relatifs à l'exploitation de la zone ainsi que des différends entre l'Autorité et une autre entité relative à la responsabilité de l'Autorité, par exemple en matière de délivrance de permis. Les entités contractantes autres que les États ont un droit d'accès à la chambre. Les différends portant sur un contrat peuvent toutefois, à la demande de l'une ou l'autre partie, être soumis à un arbitrage commercial obligatoire.

F. Le régime juridique de la zone internationale des fonds marins

Le régime spécifique de la Zone prévu par la Convention ne porte pas atteinte à la liberté de pose des pipelines et câbles au fond de la mer.

Trois principes définissent le régime juridique de cet espace particulier :

- Aucun État ne peut revendiquer ou exercer de souveraineté ou de droits souverains sur une partie de la zone ou de ses ressources (art. 137 § 1) ;

- L'exploitation de la zone est possible mais elle se déroule sous le contrôle de l'Autorité Internationale des Fonds Marins. Pour ce faire, elle est dotée d'un organe commercial et technique dénommé « l'entreprise ». L'idée est de permettre une exploitation dans l'intérêt de l'humanité (art. 140) ;

- La zone doit être utilisée à des fins exclusivement pacifiques (art. 141).

La fonction principale de l'Autorité internationale des fonds marins est de réglementer l'exploitation des ressources minières des fonds marins et s'assurer que l'environnement marin est protégé de tous les effets nuisibles de l'exploitation minière et de l'exploration. Une des priorités de l'institution a été d'élaborer le règlement relatif à la prospection et à l'exploitation des nodules polymétalliques afin que la mise en valeur et l'exploitation des ressources minérales des fonds marins soient écologiquement viables.

2. La haute mer

La haute mer se définit de façon négative depuis la convention de Montego Bay. Il s'agit (article 86 de la convention) : « *de toutes les parties de la mer qui ne sont comprises ni dans la zone économique exclusive, la mer territoriale ou les eaux intérieures d'un État, ni dans les eaux archipélagiques d'un État archipel* ».

A. Le régime juridique de la liberté sur la haute mer

Les controverses théoriques et historiques sur le statut de la haute mer *res nullius* ou *res communis* n'ont pas affecté l'acceptation du principe de la liberté de la haute mer comme règle fondamentale du droit international. Ce principe correspondait aux intérêts des grandes puissances maritimes au moment de sa consécration par la pratique coutumière au XIXe siècle. Mais ce principe n'a jamais été remis en cause par les différentes conférences internationales consacrées au droit de la mer. Le principe de la liberté des mers et de la haute mer signifie de nos jours l'interdiction pour tout État d'exercer sa juridiction ou son autorité à l'égard des navires étrangers. La jouissance de cette liberté de la haute mer est reconnue à tous les États, qu'ils soient côtiers ou non-côtiers, mais le contenu de cette liberté n'est pas absolu. Toutes les activités humaines qui peuvent avoir comme cadre d'exercice la haute mer ne jouissent pas de plein droit du régime de la liberté de la mer. Il y a en effet des libertés consacrées et des activités qui sont prohibées.

B. Les libertés consacrées

Les libertés consacrées sont celles qui ont trait, à titre principal, aux usages traditionnels de la mer, mais également aux utilisations nouvelles imposées par le progrès technologique et le développement de la connaissance scientifique.

Parmi les libertés traditionnelles, on peut retrouver la *liberté de navigation*, la *liberté de la pêche*, la *liberté de poser des câbles* et des *pipe-lines* sous-marins, ainsi que la *liberté de survol.* À ces libertés traditionnelles, il convient d'ajouter de nouvelles libertés : la *liberté de la recherche scientifique* et la *liberté de construire des îles artificielles* et autres installations.

C. Les activités prohibées

En revanche, sont interdites certaines activités sur la haute mer. Il s'agit de l'interdiction des *essais nucléaires* en haute mer, entrepris dans *l'espace extra-atmosphérique*, dans *l'atmosphère*, mais aussi *sous l'eau*. Cette prohibition résulte explicitement du traité portant interdiction partielle des essais nucléaires de 1963. Elle a été implicitement confirmée par la convention de 1982 au titre du *régime de l'utilisation pacifique* des océans. De même, est également interdit sur la haute mer le *trafic des esclaves*, plus exactement le *transport d'esclaves* par mer.

Enfin, la convention de 1982 confirme *l'illicéité de la piraterie*, du *trafic de stupéfiants* et de *substances psychotropes*, ainsi que celle des *émissions non autorisées* diffusées depuis la haute mer à destination du grand public. Autrement dit, la possibilité d'arraisonner un navire pirate, de visiter un navire soupçonné de traite des esclaves, de diffusion des émissions non autorisées de radio (les auteurs peuvent être poursuivis devant les tribunaux de l'État du pavillon du navire émetteur ou d'immatriculation de l'installation, de l'État dont l'auteur est ressortissant, de tout État victime de brouillage de ses propres émissions, de tout État depuis lequel l'émission peut être captée) ou de transport des stupéfiants.

De plus, il existe le droit de poursuivre un bateau et de l'arraisonner en haute mer, si cette poursuite, commencée dans les eaux territoriales, n'est pas interrompue, et si le bateau suspecté n'atteint pas d'autres eaux territoriales.

D. La loi du pavillon

La *loi du pavillon régit* les activités sur la haute mer. Cela signifie que la compétence de l'État dont le pavillon est porté par un navire est, en haute mer, *exclusive et plénière*. Pour les *navires de guerre*, le caractère *exclusif* et *plénier* de la compétence a une *portée absolue*. En revanche, pour les navires marchands, le problème de *l'exclusivité de la plénitude* de la compétence est atténué par les règles de *conflits de lois*, au sens du droit international privé en matière civile. Mais elle est *absolue* en matière de *répression* des infractions pénales.

En matière d'exercice des *actes de contrainte*, pour la mise en œuvre des *pouvoirs de police* de l'État du pavillon, se pose le problème de *l'exclusivité de la compétence* de l'État du pavillon. En effet, les modes d'intervention comprennent l'approche, la reconnaissance et l'enquête du pavillon lorsqu'il s'agit de vérifier les documents de bord ; la visite et l'inspection qui suivent l'arraisonnement du navire si des soupçons subsistent après l'enquête du pavillon, le déroutement, la saisie et l'immobilisation, la confiscation et, à l'extrême limite, la destruction lorsque le navire constitue un danger grave, notamment pour l'environnement marin, peuvent être envisagés.

En raison des problèmes politiques et aussi juridiques liés à ces questions de police sur la haute mer, les États sont amenés à faire montre de précautions sur le plan juridique. C'est la raison pour laquelle l'intervention d'un État étranger, à l'encontre d'un navire autre que celui de la nationalité, requiert une *disposition expresse*. Les seules exceptions à l'exclusivité de la compétence, concernent la *piraterie, le trafic et la traite des esclaves*. Le trafic illicite des stupéfiants soulève plus de difficultés et l'article 108 de la convention de Montego Bay invite les États à coopérer pour la répression de ce type d'activité.

L'importance du pavillon dans la réglementation du régime juridique de la haute mer, a une autre implication importante : *le droit des États à un pavillon*, quelle que soit la situation juridique et géographique de cet État. La convention n'établit aucune distinction entre les États côtiers et les États sans littoral. Ce droit au pavillon est intimement lié au droit reconnu à chaque État de développer ses activités sur tous les plans et dans tous les domaines.

Pour que ce régime de liberté soit une réalité, une condition est souhaitée en ce qui concerne le pavillon : *l'effectivité* du droit de juridiction et de contrôle de l'État du pavillon sur ses navires. Sur le plan juridique, les États disposent d'une compétence discrétionnaire en ce qui concerne les conditions d'octroi du droit au pavillon aux différents navires. Mais, face au développement de la pratique des pavillons de complaisance, et aux risques de tous ordres inhérents à ces pratiques, le problème s'est posé de savoir s'il fallait déterminer en droit international les critères essentiels à l'octroi du pavillon.

La commission du droit international, dans la préparation des conventions de Genève en 1958 et 1960, tenta de rappeler le caractère nécessaire du lien substantiel et réel entre l'État et le pavillon revendiqué par le navire. Tant à la conférence de Genève de 1959 qu'à celle de la troisième conférence des Nations Unies sur le droit de la mer, seule a été retenue la formule selon laquelle, était souhaité, *un lien substantiel* entre l'État et le navire qui revendique sa nationalité.

Un problème se pose : quelle est la position du droit international vis-à-vis des dispositions et actes octroyant une nationalité à un navire au mépris de l'existence de ce lien substantiel mentionné dans les dispositions des conventions de Genève et de 1982 ? En dernière analyse, c'est au niveau du rattachement à l'État du pavillon des actes illicites effectués par les navires battant son pavillon en haute mer, que le problème pourrait éventuellement trouver une solution en droit positif.

E. Droits et obligations des États

- La compétence de l'État à bord des navires en mer

La compétence des États se répartit entre deux domaines : *la législation et l'application de la loi.* Dans de nombreuses situations, cela devient plus complexe car il y a deux États en cause : l'État représentant la nationalité du navire (*l'État du pavillon*) et l'État qui a juridiction sur les eaux dans lesquelles se trouve le navire (*l'État côtier*). Les navires ont la nationalité de l'État d'immatriculation.

- Compétences de l'État du pavillon

L'État du pavillon peut exercer une compétence législative sur ses navires partout où ils se trouvent. Habituellement, cela comprend la *réglementation* des questions sociales, d'emploi, de sécurité et des questions techniques à bord des navires ; dans ce dernier cas, la réglementation doit être conforme aux normes internationales. Le pouvoir législatif de l'État-pavillon se double d'une *responsabilité internationale* à l'égard des activités de ses navires.

Cependant, l'État du pavillon ne peut exercer sa compétence que lorsque ses navires se trouvent dans sa mer territoriale, sa zone économique exclusive ou en haute mer. Tenter d'exercer sa juridiction dans des eaux appartenant à un autre État constituerait un empiètement sur le droit souverain de cet État.

- Compétence de l'État côtier

Les navires qui passent dans les eaux relevant de la compétence des États côtiers présentent des risques de conflit de juridiction. Ainsi, l'État du pavillon peut imposer à ses navires une réglementation visant à lutter contre la pollution, mais lorsque ceux-ci se trouvent dans les eaux d'un État côtier, ils peuvent être assujettis à la *réglementation anti-pollution* de cet État.

Même si les navires en mer ont un *droit de passage inoffensif* dans une mer territoriale, ce passage doit s'effectuer conformément à toute loi pertinente de l'État côtier. Les États côtiers ont le pouvoir législatif nécessaire pour adopter des lois s'appliquant aux navires étrangers qui se trouvent dans leur mer territoriale en ce qui a trait, notamment, à la *sécurité de la navigation*, à la *réglementation du trafic maritime*, à *l'hygiène* et à la *protection* des câbles et pipe-lines.

CHAPITRE 3

Le régime juridique des utilisations de la mer

De tout temps, la mer a servi de cadre d'exercice de plusieurs activités humaines. Ces activités ont varié dans le temps et dans l'espace en fonction des civilisations et du progrès technologique. Ainsi, sont examinées, les principales utilisations, c'est-à-dire la navigation, la pêche, la pose des câbles et des oléoducs, la recherche scientifique et le transfert des techniques, la préservation du milieu marin et l'environnement, et l'utilisation pacifique des océans.

Section 1 : La navigation

L'étude de la haute mer a permis de rappeler le principe de la liberté de navigation, fondement du droit international de la mer. En fait, cette liberté de navigation n'a de signification que si elle est reconnue aux navires la possibilité d'accéder ou de revenir de la haute mer en traversant des espaces soumis à la juridiction des États riverains. Dans ces conditions, le problème de la navigation doit être complété par ce que la convention et le droit appellent le passage.

Le passage se définit comme le fait de naviguer aux fins de traverser des espaces maritimes ou de se rendre dans des eaux intérieures ou de les quitter, de faire escale avec possibilité d'arrêt et de mouillage, s'ils constituent des incidents ordinaires de navigation ou sont imposés par un cas de force majeure ou de détresse. Le passage doit être continu et rapide. Compte tenu de la nature juridique des espaces traversés, une distinction est à établir entre, d'une part, le *passage inoffensif* et d'autre part, le *passage en transit.*

1. Le passage inoffensif

Le passage inoffensif peut paraître comme une exception à la liberté de navigation. En effet, le principe de passage inoffensif consiste dans l'obligation faite à un État côtier de ne pas entraver le passage inoffensif des navires étrangers dans la mer territoriale. On examinera successivement la notion de passage inoffensif et la réglementation du passage inoffensif par l'État côtier.

A. La notion de passage inoffensif

Le passage ayant été défini dans le cadre général précédent, il s'agit d'examiner d'une part le caractère inoffensif du passage et, d'autre part le domaine spatial de l'exercice du passage inoffensif.

Le passage, dit la convention de 1982, est inoffensif aussi longtemps qu'il ne porte pas atteinte à la paix, au bon ordre ou à la sécurité de l'État côtier. Cette conception du caractère inoffensif du passage en termes de régime de police administrative de l'État côtier laisse en définitive à l'interprète une latitude importante en matière de définition du caractère offensif ou du caractère inoffensif du passage. En 1982, des tentatives ont été menées en vue de déterminer, de la manière la moins subjective possible, une liste d'activités menées sur la mer territoriale qui peuvent porter atteinte au bon ordre, à la sécurité et à la paix de l'État côtier. La commission de ces activités constitue dès lors des actes de passage non inoffensif. L'article 19 de la convention de 1982, paragraphe 2, définit ces activités qui rendent le passage non inoffensif. Mais la formule du point L de cet article 19, paragraphe 2, qui mentionne « *toute autre activité sans rapport direct avec le passage* » peut prêter à controverse entre les parties.

Le domaine spatial d'application du passage inoffensif, c'est-à-dire de passage non susceptible de suspension, s'applique à la mer territoriale, aux eaux intérieures, ainsi qu'à certaines catégories de détroits : ceux qui relient la mer territoriale d'un État à une partie de la haute mer ou de la zone économique d'un autre État, et ceux qui sont formés par le territoire continental d'un État et une île appartenant à cet État lorsqu'il existe au large de l'île une route de haute mer ou une route passant par une zone économique exclusive, de commodités comparables du point de vue de la navigation et des caractéristiques hydrographiques.

Enfin, la convention de 1982 étend aux eaux archipélagiques le régime du passage inoffensif envisagé principalement pour la mer territoriale.

B. Les compétences de l'État côtier en ce qui concerne la réglementation du passage inoffensif

Les pouvoirs de l'État côtier en matière de réglementation du passage inoffensif font l'objet d'une énumération exhaustive à l'article 21 de la convention de 1982. L'État côtier a *une compétence liée.* La préoccupation principale des rédacteurs de la convention de 1982 a été de limiter au maximum les risques et les tentations d'abus de droit de la part de l'État côtier. En effet, il a fallu veiller à ce que, par le biais des modalités d'application de la réglementation du passage inoffensif, l'État côtier ne parvienne à empêcher ou à restreindre le passage, notamment par le biais des inspections. Le navire qui accomplit le passage est, en revanche, tenu de respecter scrupuleusement la législation de l'État traversé, ainsi que l'ensemble de la réglementation internationale. Mais certains navires sont soumis à un régime spécial de passage inoffensif. Il s'agit des navires nucléaires et des navires à cargaison dangereuse ; il peut leur être prescrit l'utilisation d'une route maritime spécifique.

Les sous-marins, de leur côté, sont tenus de naviguer en surface en arborant leur pavillon tandis que les navires de guerre sont assimilés aux autres navires avec interdiction, toutefois, de procéder à des manœuvres pendant le passage dans la mer territoriale.

En cas de passage non inoffensif, l'État côtier dispose de *droits préventifs* et des *droits répressifs*. Sur le plan préventif, l'État côtier peut prendre toutes les mesures nécessaires pour empêcher un passage qui n'est pas inoffensif et ordonner l'évacuation des espaces maritimes par le navire étranger. Le pouvoir de réaction de l'État côtier doit s'exercer dans le cadre du régime de l'utilisation de la force, déterminée par la charte de l'Organisation des Nations Unies et cette réaction doit être proportionnelle à la gravité de l'illicéité. Enfin, la suspension du passage inoffensif peut être ordonnée par l'État côtier dans les cas où cette mesure est indispensable à la protection de la sécurité de cet État : la convention de 1882 vise en particulier les manœuvres militaires organisées par l'État côtier, la suspension doit être temporaire.

Sur le plan répressif, l'État côtier exerce sa compétence civile et pénale à bord des navires qui exercent le droit de passage inoffensif. En effet, seuls les navires de guerre bénéficient d'une immunité absolue. La compétence de juridiction de l'État côtier est établie en ce qui concerne la répression des infractions commisses à bord pendant le passage en général. L'État côtier peut procéder à des arrestations et à l'accomplissement des actes d'instruction à bord de navires lors du passage du navire dans la mer territoriale en venant des eaux intérieures. Il s'agit d'une règle déjà consacrée lors de la convention de 1958 à Genève. La seule limite à la compétence répressive de l'État côtier est relative aux actes d'arrestation ou d'actes d'instruction pour des infractions commises avant l'entrée dans la mer territoriale sur les navires qui passent dans la mer territoriale sans pénétrer dans les eaux intérieures.

2. Le passage en transit

Le passage en transit qui est un compromis entre le passage inoffensif et la liberté de navigation, est reconnu aux navires et aux aéronefs de tous les pays traversant des détroits maritimes mettant en communication deux zones maritimes dans lesquelles la navigation est libre. Les enjeux, en matière de passage dans les détroits étaient essentiellement d'ordre stratégique pour les grandes puissances, alors que les États riverains des détroits se plaignaient de la focalisation des tensions internationales dans leurs régions géopolitiques.

Exception à l'exclusivité de la compétence territoriale de l'État riverain, le régime du passage en transit ne constitue pas pour autant une atteinte ou une violation à ce droit. La règle interdisant les activités autres que celles inhérentes au transit continu et rapide ne s'impose pas comme une condition du passage. Mais les navires de pêche ne peuvent pas déployer leurs filets ni procéder à leurs activités pendant le passage en transit, tandis que la condition selon laquelle les navires se déplacent selon leur mode normal de navigation peut être invoquée pour justifier le passage en immersion des sous-marins. Par ailleurs, aux termes des paragraphes 2 et 3 de l'article 39 de la convention de 1982, les navires en transit doivent se conformer « *aux règlements, procédures et pratiques internationales, généralement acceptés en matière de sécurité de la navigation, notamment règlement international pour prévenir les abordages en mer et règlements, procédures et pratiques internationaux généralement acceptés, visant à prévenir, réduire et maîtriser la pollution par les navires* ».

Il en résulte qu'en premier lieu la législation de référence reste les instruments juridiques internationaux et qu'en second lieu le recours à l'expression « généralement acceptée » pose le problème de l'opposabilité des instruments juridiques internationaux à l'État de passage et à l'État des navires et de l'aéronef en passage. Lors d'une interprétation combinée de ces dispositions, qu'en adviendrait-il lorsque l'État riverain estimera qu'un passage n'est pas en transit ? Dans cette hypothèse, il y a lieu d'envisager le recours au mécanisme de règlement des différends.

Section 2 : La pêche et autres droits

1. La pêche

Le régime juridique de la pêche a subi l'influence convergente de deux facteurs : d'une part le *progrès technologique* et d'autre part l'évolution dans une *conception patrimonialiste* du droit de la mer. Il en résulte une tendance du droit contemporain au renforcement de la responsabilité et de la compétence de l'État côtier sur la pêche et les ressources biologiques dans les espaces soumis à sa juridiction. Dans la mer territoriale, la zone économique exclusive, l'État riverain a la *compétence de réglementation générale*. Il a également l'obligation de veiller à la *conservation* du stock de ressources halieutiques en fixant, sur la base de l'article 61, le volume maximal de prise dans la zone économique exclusive.

En revanche, dans la zone libre ou la haute mer, la préoccupation principale a porté sur la *préservation des ressources biologiques*. Ainsi a été renforcé l'aménagement de la coopération internationale, afin de tenir compte des intérêts et des droits des autres États, d'utiliser la mer et ses ressources dans le présent comme dans le futur.

Les États ont l'obligation de prendre toutes les dispositions pour faire respecter par leurs ressortissants les *obligations qu'ils tiennent du droit international*. Pour l'exécution de cette obligation de comportement, les États s'attachent à maintenir ou à rétablir les stocks des espèces exploitées à des niveaux qui assurent le rendement constant maximum. Il en résulte que seront prises en considération les données scientifiques, techniques et biologiques. Par ailleurs, des espèces telles que le *thon*, feront l'objet d'une protection spéciale, dans le cadre de la coopération internationale.

L'obligation de coopérer est le second volet de l'obligation liée à la conservation et à la protection des ressources biologiques de la mer. Cette coopération concerne les ressources biologiques, tant à l'intérieur qu'à l'extérieur des limites de la zone de juridiction nationale. La convention de 1982 favorise la création et la mise en place de commissions régionales ou sous-régionales de pêche destinées à assurer la gestion des stocks partagés, de la conservation des espèces et du milieu marin.

Cependant, il y a de sérieuses lacunes dans le cas des espèces sédentaires, des grands migrateurs et des stocks d'espèces anadromes tels que le saumon. En premier lieu, les *espèces sédentaires*, même celles qui sont situées à l'intérieur de la zone économique exclusive sont exemptées des obligations relatives à la conservation. En second lieu, même si les États côtiers doivent conserver les grands migrateurs et les espèces anadromes (qui se déplacent dans la mer territoriale et la zone économique exclusive vers d'autres étendues d'eau), il n'y a pas d'obligation correspondante dans la mer territoriale.

Quant à l'obligation de partage, la zone économique exclusive étant une extension importante des droits des États côtiers et la plupart des pêcheries du monde se situant à l'intérieur de la zone économique exclusive, l'État côtier a des obligations en ce qui a trait au partage des ressources vivantes excédentaires de la zone économique exclusive.

2. Autres droits

- Droits pétroliers

Les structures géologiques renfermant des gisements d'hydrocarbures sont situées à la fois sur les continents et sous le plateau continental. Le potentiel pétrolier du sous-sol marin du plateau continental est très important, beaucoup plus que celui de la pente continentale et des grands fonds océaniques. Les hydrocarbures, qu'il s'agisse de gaz naturel, de pétrole ou de condensats, sont dans tous les cas des ressources non biologiques que l'État côtier a le droit exclusif d'explorer et de mettre en valeur sans qu'il lui soit nécessaire de faire à cette fin une proclamation explicite. L'expression « droit d'explorer et de mettre en valeur » est curieuse car on pourrait l'interpréter comme voulant dire qu'à défaut de mettre en valeur ses ressources, l'État côtier ne les possède pas.

- *Droits miniers*

Les minéraux exploitables sur le plateau continental appartiennent à trois catégories : les minéraux *in situ*, tels que le *charbon* se trouvant dans les strates rocheuses ; les gisements alluviaux de minéraux et éléments lourds, tels que *l'or*, qui peuvent s'accumuler dans les sédiments du fond de la mer ; le *sable* et le *gravier* qui se trouvent au fond de la mer.

Les mines *in situ* exploitées sous la mer (comme à l'Île du Cap Breton) débutent habituellement sur terre et suivent la ressource sous le fond de l'océan ; il est rare que ces mines se prolongent au-delà de la limite de la mer territoriale. Les gisements alluviaux sous-marins n'ont pas encore été mis en valeur de façon intensive. Le sable et le gravier représentent probablement la catégorie qui offre le plus grand potentiel parce que la technologie d'exploitation est simple, les coûts de récupération sont faibles et la demande de matériaux de construction est élevée. Les États côtiers possèdent un *droit exclusif* d'explorer et de mettre en valeur ces minéraux sous-marins du plateau continental.

La situation est quelque peu différente dans la région où le plateau continental se prolonge au-delà de 200 milles. Dans ce cas, l'État côtier qui exploite une ressource minérale, doit verser annuellement à l'ensemble des Etats-parties à la convention 1 % du produit annuel de la ressource entre la 6e et la 12e année de production et 7 % annuellement par la suite.

Section 3 : La préservation du milieu marin

La préservation du milieu marin apparaît comme un domaine important du droit de la mer. Elle est régie par une pluralité d'instruments qui ont leurs sources dans des actes particuliers, comme ceux élaborés par l'Organisation maritime consultative internationale ou dans la convention sur le droit de la mer. Deux traits caractérisent le régime juridique de la préservation du milieu marin : la prééminence de l'État côtier et la responsabilité internationale des États.

La prééminence de l'État côtier se manifeste par des compétences exclusives : pour la protection des ressources biologiques, pour la lutte contre les pollutions résultant d'activités relatives aux fonds marins et un partage de compétences pour les pollutions d'origine tellurique.

Le régime de la responsabilité intègre purement et simplement les nouvelles dispositions du droit de l'environnement et définit de façon très stricte les responsabilités dans les différentes zones maritimes en répartissant avec précision les compétences et les obligations.

1. Obligation générale

L'obligation juridique internationale de préserver et de protéger l'environnement marin est antérieure à la Convention de Montego Bay et remonte au jugement rendu dans la cause T*rail Smelter Arbitration*[13], qui affirme qu'aucun État ne doit permettre que son territoire soit utilisé de manière à causer un préjudice au territoire d'un autre État.

13 États-Unis d'Amérique c/Canada, 1941, 3 R.I.A.A., 1905.

Le principe 21 de la *Déclaration de Stockholm*[14], que l'on considère généralement comme une codification du droit international coutumier (en vigueur à l'époque), a étendu la portée de ce principe en exhortant les États à faire en sorte que les « zones relevant de leur compétence ou de leur contrôle ne causent pas de dommage à l'environnement d'autres États ou de zones situées au-delà des limites de leur juridiction nationale ». Manifestement, cela comprend les dommages causés aux navires et les dommages en haute mer. La Convention sur le droit de la mer reprend cette obligation et assujettit le droit d'exploiter les ressources naturelles à une obligation générale de protéger et de préserver l'environnement marin.

2. Pollution marine

La Convention sur le droit de la mer renferme une définition large de la « pollution de l'environnement marin », en la décrivant comme étant « *l'introduction directe ou indirecte, par l'homme, de substances ou d'énergie dans le milieu marin (…) lorsqu'elle a ou peut avoir des effets nuisibles tels que dommages aux ressources biologiques et à la faune et la flore marine, risques pour la santé de l'homme, entrave aux activités maritimes (…), altération de la qualité de l'eau de mer du point de vue de son utilisation et dégradation des valeurs d'agrément* ».[15]

La convention renferme des dispositions qui traitent expressément de la pollution marine provenant de ressources terrestres, des activités liées aux fonds marins dans la mer territoriale, ou la zone économique exclusive, des navires et de l'atmosphère. Il y a également une obligation d'établir des règles quant à la pollution provenant de l'exploitation minière des grands fonds océaniques.

---

[14] Document des Nations unies A/Conf. 48/14, 1972, 11, I.L.M., 1416, adoptée le 16 juin 1972

[15] Article 1 4) de la Convention des Nations unies sur le droit de la mer.

3. Établissement de normes

En vertu de la Convention, la compétence relative à la prescription de normes de pollution marine est essentiellement la même que celle mentionnée précédemment à la section intitulée « *Compétence des États à bord des navires en mer* » et, sauf pour un ajout important, elle est identique à celle qui existait avant son entrée en vigueur. L'État du pavillon peut établir des normes minimales que devront respecter ses navires partout où ils se déplacent.

Les États côtiers peuvent établir des normes applicables à leur mer territoriale. Les États portuaires peuvent établir des normes pour leurs ports. Cependant, tous les États ayant juridiction, qu'il s'agisse de l'État côtier ou de l'État portuaire, doivent « adopter des lois et des règlements visant à prévenir, réduire et contrôler la pollution de l'environnement marin qui ne doivent pas être moins efficaces que les règles et normes internationales généralement acceptées… »[16]. Ces normes signifient probablement les grands traités multilatéraux au sujet de la pollution des mers, ce qui aurait pour effet d'imposer aux parties à la Convention les dispositions de ces traités qui n'ont pas reçues une adhésion aussi large que la Convention sur le droit de la mer.

4. Pollution et risques

L'obligation internationale d'exercer une surveillance sur la pollution marine est relativement faible. Les États n'ont qu'à exercer une surveillance, dans la mesure de leurs moyens pratiques, et d'évaluer scientifiquement les risques et les effets de la pollution marine. De fait, les États les plus pauvres ont une responsabilité moins grande et il n'est pas sûr qu'il y ait une obligation relative à la surveillance de la zone située à l'extérieur de la zone économique exclusive.

[16] Article 211.2 de la Convention des Nations unies sur le droit de la mer.

L'obligation de surveillance englobe toutefois la pollution et les activités qui pourraient polluer l'environnement marin. Bien qu'il y ait une obligation de mettre à la disposition des autres États les rapports de surveillance, bon nombre des risques de pollution proviendront d'opérations militaires et on peut supposer avec assez de certitude que les intéressés auront tendance à ne pas les déclarer ou à le faire de façon inadéquate.

5. Autorité législative

L'obligation générale que renferme la Convention stipule que, pour prévenir la pollution, les États prennent toutes les mesures nécessaires compatibles avec la Convention ; le caractère approprié des mesures prises peut être restreint en fonction des moyens pratiques et des capacités dont dispose l'État ; les États doivent s'efforcer d'harmoniser leurs politiques.

On peut faire valoir que l'obligation de « prendre toutes les mesures nécessaires » comprend l'obligation d'adopter des règles visant à protéger l'environnement marin avant que la pollution ne survienne. Cela aurait pour effet d'harmoniser la Convention avec les obligations découlant de la Convention sur la haute mer. Si l'on se réfère à la section 5 de la partie XII de la Convention sur le droit de la mer, dans le contexte de l'obligation d'harmoniser les politiques, le terme « adoptent » à un caractère obligatoire. Les États ont aussi l'obligation de collaborer aux niveaux régional et mondial. Deux grands groupes d'États ont le droit et/ou l'obligation de légiférer des mesures préventives : les États côtiers et les États du pavillon.

Le droit de l'État côtier varie selon l'espace maritime en cause (mer territoriale, zone économique exclusive, détroit international, etc.). Cependant, de façon générale, la réglementation doit être rendue publique et ne doit pas être appliquée de façon discriminatoire ou dans des zones qui débordent les espaces où l'État exercent les droits souverains, ou excèdent les normes internationales généralement acceptées. Par exemple, l'État côtier outrepasserait sa juridiction, s'il tentait d'appliquer aux navires se déplaçant dans la zone économique exclusive sa réglementation sur la conception des navires ; la conception des navires est un aspect qu'il convient davantage de laisser à la réglementation de l'État du pavillon. La compétence législative de l'État côtier dans la zone économique exclusive et sur le plateau continental est limitée par les lois relatives au *déversement de déchets* dans les océans.

Concernant leur application, les États côtiers n'ont pas de juridiction en matière d'application de la loi en haute mer ni à l'endroit des navires de guerre. Cependant, lorsque les navires marchands se trouvent dans leurs ports, ces États peuvent prendre des mesures pour violation des normes internationales de pollution ayant eu lieu à l'extérieur de la zone économique exclusive, y compris en haute mer.

6. Responsabilité

Les parties à la Convention sont des États, ce qui signifie que seuls des États peuvent être responsables pour les dommages causés à l'environnement marin. La Convention stipule que les États sont responsables « *conformément au droit international* ». Succinctement, en vertu du droit de la responsabilité des États, ce sont les États qui sont responsables de la plupart des agissements de leurs ressortissants (y compris les sociétés) qui exercent une autorité gouvernementale quelconque et des organismes d'État. Lorsqu'il y a violation d'une obligation internationale, telles que celles prévues dans les dispositions de la Convention, l'État a la responsabilité de verser des dommages-intérêts.

Section 4 : La pose des câbles et des oléoducs

Le régime juridique de la pose des câbles et des oléoducs est celui qui soulève le moins de problèmes et le moins de difficultés en droit international public. En effet, le souci principal concerne la protection de ces câbles et ces différentes conduites. Dans la mer territoriale, la compétence de réglementation revient à l'État souverain. Dans les eaux archipélagiques au contraire il faut faire une distinction entre les conduites existantes que les États-archipels acceptent comme directement opposables, ce qui implique le droit de réparer reconnu aux États tiers propriétaires de ces câbles, et les conduites futures dont la mise en place requiert l'agrément de l'État côtier. Dans la haute mer, le principe reste celui de la liberté.

La recherche scientifique et le transfert des techniques ont été les questions les plus délicates de la troisième conférence des Nations Unies sur le droit de la mer, en raison de l'enjeu qu'ils mettaient en cause : la maîtrise et l'accaparement des ressources tirées essentiellement des activités de la zone. La recherche comme la technologie devenaient alors des facteurs déterminants pour la maîtrise de l'accès aux ressources de la zone.

Section 5 : La recherche scientifique et le transfert des techniques

1. La recherche scientifique

Dans la zone relevant de la compétence de l'État côtier, la recherche scientifique est placée sous son autorité. En fait, le problème affecte directement la recherche sur le plateau continental et la zone économique exclusive. Le régime juridique est caractérisé par les nouveaux pouvoirs de contrôle de l'État côtier sur ces zones, ce qui aboutit à une réglementation dans un cadre strict de la liberté de recherche des États étrangers.

Sur le plan international et dans la zone des fonds marins au-delà des juridictions nationales, la liberté de la recherche scientifique a été également affectée par la consécration du principe du patrimoine commun de l'humanité. Les activités dans la zone sont menées directement par l'Autorité, y sont donc comprises les activités de recherche scientifique. L'Autorité, en tant qu'organisation internationale, peut procéder à des activités de recherche scientifique et peut contrôler les activités menées dans la zone. Il n'est pas fait mention du droit des États d'engager des recherches de leur propre chef dans la zone internationale des fonds marins. Seules les activités sur la haute mer bénéficient encore du régime de la liberté.

2. Le développement et le transfert des techniques

Il s'agit d'un programme ambitieux, directement inspiré des exigences de l'ordre économique international. Les dispositions de la convention visent, à titre principal, l'aménagement de la coopération internationale et la place de l'autorité dans l'accomplissement de cette mission et de cette activité. Les articles 270 à 274 de la convention de 1982 se fondent sur la liberté d'accès à l'information et le partage des connaissances technologiques, ainsi que la mise en place des centres nationaux et régionaux de coopération.

Section 6 : L'utilisation pacifique des océans

Il s'agit d'une règle nouvelle, d'une inspiration générale, dont la formulation en termes de droit est des plus complexes, car si les activités militaires ne sont pas prohibées, c'est dans le cadre du droit du désarmement et de l'expérimentation nucléaire que le problème doit être posé. En fait, il s'agit de l'application formelle de règles spécifiques de la Charte des Nations Unies.

Section 7 : Règlement des différends

1. Obligations en matière de règlement

La Convention sur le droit de la mer intègre les principes de la charte des Nations Unies dans la façon dont elle traite la question des différends maritimes. En vertu de la charte, les États ont deux obligations : régler leurs différends et les régler par des moyens pacifiques. Les différends peuvent être considérés comme réglés, lorsqu'ils ne menacent plus la paix, la sécurité internationale et la justice. Étant donné que chaque différend est unique, le droit international laisse libre choix aux États, quant aux moyens de règlement et cela peut signifier toute mesure pacifique acceptée par les parties. Cette souplesse est importante.

2. Conciliation et arbitrage

Suite à un échange de vues obligatoire, les parties au litige peuvent, d'un commun accord, entreprendre des procédures officielles de conciliation. Bien que la Convention définisse la façon dont les conciliateurs doivent être choisis, la forme du rapport et la responsabilité relative aux coûts, elle laisse une assez grande marge de manœuvre en ce qui a trait au processus de conciliation lui-même. Les parties sont libres de rejeter la recommandation des conciliateurs. Si l'une ou l'autre des parties choisit de ne pas recourir à la conciliation ou si celle-ci échoue, l'une ou l'autre des parties peut soumettre la question à l'arbitrage exécutoire.

Les différends peuvent être résolus soit selon des principes juridiques, soit en équité. Les parties sont libres de choisir entre le *Tribunal international du droit de la mer,* la *Cour Internationale de Justice*, un *Tribunal d'arbitrage* en vertu de l'annexe VIII, lorsque l'objet du différend a trait aux pêches, à la protection et à la préservation du milieu marin, à la recherche scientifique ou à la pollution, ou à un tribunal d'arbitrage en vertu de l'annexe VII, qui est le choix par défaut.

Si les parties en litige ont choisi des procédures différentes, en l'absence d'une entente à l'effet contraire, le différend sera soumis à l'arbitrage en vertu de l'annexe VII. Dans un tel cas, les parties en litige comparaissent habituellement devant un tribunal composé de cinq personnes choisies à partir d'une liste permanente d'arbitres qualifiés. Chaque partie peut nommer un arbitre, les autres sont généralement choisis de façon conjointe. Le tribunal entend la preuve et rend le jugement final en précisant les motifs. Il n'y a pas d'appel.

En tout temps, les parties peuvent décider de ne pas permettre que les différends portant sur l'un ou l'autre des domaines suivants soient soumis à l'arbitrage : la délimitation des frontières maritimes, pourvu que les parties acceptent des procédures de conciliation ; les activités militaires ou les questions sur lesquelles le Conseil de sécurité exerce son mandat.

3. Tribunal international du droit de la mer

La Convention des Nations unies sur le droit de la mer prévoit la création du Tribunal international du droit de la mer (TIDM), dont la première session s'est tenue en 1996.

Le Tribunal international du droit de la mer, est un tribunal permanent qui tranche les différends maritimes internationaux. Il siège à Hambourg, en Allemagne. Composé de 21 membres indépendants ayant le statut de diplomates et choisis par les États parties par vote secret, le Tribunal international du droit de la mer est compétent pour tous les différends ou demandes qui lui sont soumis par les États parties, concernant *l'interprétation et l'application* de la Convention. Les magistrats proviennent de pays différents et le tribunal doit, dans l'ensemble, être représentatif de la géographie et des principaux systèmes juridiques du monde. Les membres ne peuvent pas entendre de causes qui portent sur des questions auxquelles ils ont été liés auparavant, mais ils ne sont pas tenus de se destituer uniquement parce que l'État dont ils sont ressortissants est l'une des parties impliquée dans un différend.

Les grandes décisions font habituellement intervenir l'ensemble des magistrats disponibles, bien que le tribunal puisse siéger en chambre de cinq magistrats, soit avec l'accord des parties soit pour traiter de question de façon sommaire. Les différends peuvent être résolus soit en conformité avec le droit international, y compris la convention sur le droit de la mer, soit, si les parties en conviennent, en équité. Le jugement prend la forme d'une décision fondée sur des motifs et rendue par une majorité du siège. Il n'y a pas de procédure d'appel.

Composé de plusieurs chambres, le Tribunal dispose aussi d'une chambre pour le règlement des différends relatifs aux fonds marins, qui est compétente pour ce qui concerne l'exploitation de la zone.

3. Organisation Maritime Internationale

Créée le 6 mars 1948 et devenue opérationnelle en 1958, l'Organisation Maritime Internationale a entre autres buts :

- d'instituer un système de collaboration entre les gouvernements dans le domaine de la réglementation et des usages gouvernementaux ayant trait aux questions techniques de toutes sortes qui intéressent la navigation commerciale internationale ;

- d'encourager et de faciliter l'adoption générale des normes aussi élevées que possible en ce qui concerne la sécurité maritime, l'efficacité de la navigation, la prévention de la pollution des mers par les navires et la lutte contre cette pollution et de traiter des questions administratives et juridiques liées aux objectifs énoncés dans le présent article ;

- encourager l'abandon des mesures discriminatoires et des restrictions pratiquées par les gouvernements à la navigation commerciale internationale (convention de Genève de 1948, article 1).

Afin d'atteindre ces buts, l'Organisation Maritime Internationale peut faire des recommandations, élaborer des projets de convention, convoquer les conférences qu'elle juge nécessaires, faciliter la coopération technique (article 2).

Composée de 169 États membres en 2010 (dont la plupart des grandes puissances maritimes), l'Organisation Maritime Internationale est dotée d'une Assemblée, d'un Conseil, d'un Comité de la sécurité maritime, d'un Comité juridique, d'un Comité de protection du milieu marin, d'un Comité de la coopération technique (article 11). Elle a permis l'adoption de plus de 40 conventions et protocoles et environ 800 codes, recueils de règles ou recommandations.

Elle est ainsi à l'origine de la convention internationale pour la sauvegarde de la vie humaine en mer de 1960, ou de la Convention internationale pour la prévention de la pollution par les navires de 1973 (toutes deux régulièrement amendées).

CHAPITRE 4

Canaux, détroits et fleuves internationaux

L'adjectif « international » pourrait laisser penser qu'il existe des canaux, des détroits et des fleuves régis par le droit international, insusceptibles d'appropriation nationale (comme pour la zone internationale des fonds marins par exemple).

En réalité, c'est le caractère transnational qui a conduit les États à mettre en œuvre un régime juridique pour ces espaces.

Concernant les fleuves, il s'agit de cours d'eau qui traversent ou divisent le territoire des États. On parlera de *fleuves successifs* dans la première hypothèse et de *fleuves contigus* dans la seconde. Tout comme le droit de la mer, le droit international fluvial a d'abord été un droit qui régissait la navigation grâce à la Convention de Barcelone de 1921, avant de devenir un droit de l'exploitation par la Convention des Nations unies sur le droit relatif aux utilisations des cours d'eau à des fins autres que la navigation de 1997. Mais ce qui caractérise la question des canaux, de détroits et des fleuves, c'est probablement le règlement spécifique trouvé à chaque situation par des accords bilatéraux ou multilatéraux : un droit sur mesure.

Section 1 : Canaux internationaux

Un canal est une voie de communication creusé artificiellement sur le territoire d'un État pour relier entre elles deux portions de mers libres (zone économique exclusive ou Haute mer), aux fins de faciliter le trafic maritime international. Leur proximité des terres confère à ces lieux une dimension stratégique particulière.

Compte tenu de la mondialisation et de la « maritimisation »[17]des échanges commerciaux, les canaux internationaux sont de véritables portes océaniques qui peuvent être maintenues ouvertes ou fermées, et qui constituent des enjeux majeurs pour les flux commerciaux et migratoires, comme pour les questions de sécurité et de déploiement des stratégies navales.

Le principe de la liberté de passage au profit de tous les États s'est dégagé progressivement (depuis l'arrêt de la Cour Permanente de Justice internationale du 17 août 1923, *Affaire du Vapeur Wimbledon*), aussi bien pour les navires marchands que pour les navires de guerre, les droits de l'État riverain étant par ailleurs affirmé, notamment celui de percevoir des droits de péage. Le régime qui reconnait la souveraineté de l'État traversé par le canal et la liberté des navires traversant le canal, sans discrimination entre ces derniers, s'applique ainsi aux trois grands canaux internationaux de la planète.

Ces trois grands canaux (Kiel, Panama et Suez) ont fait l'objet de conventions internationales spécifiques. D'une manière générale, on retiendra que l'État sur lequel est creusé le canal conserve sa souveraineté sur la construction, même si la multiplication des régimes conventionnels dont l'objet est d'internationaliser la voie d'eau peut laisser penser que la liberté de navigation est devenue une norme

---

[17] Pour reprendre les propos de Michel DEYRA, *op.cit.*, p. 69

coutumière (Cour Permanente de Justice internationale, *Affaire de Vapeur Wimbledon*, 1923, précitée).

1. Canal de Kiel

C'est l'État allemand lui-même qui procéda à la construction du canal de Kiel, de 1885 à 1895, pour relier la Mer Baltique à la Mer du Nord. À l'origine entièrement soumise au droit interne allemand, le canal fut internationalisé en 1919 par le traité de Versailles. Le régime prévu consacre la liberté totale de navigation pour tous les navires, la souveraineté territoriale de l'Allemagne s'exerçant dans l'application de sa législation en matière de police, de douane et de protection sanitaire notamment.

La souveraineté exclusive de l'Allemagne, avec un régime d'autorisation requise pour tout passage, fut établie unilatéralement par le IIIe Reich, en 1936. Depuis 1945, c'est de nouveau le régime juridique du traité de Versailles qui régit le canal de Kiel.

2. Canal de Panama

Après l'échec de la première entreprise de percement du canal par une société française, ce sont les États-Unis qui obtinrent du tout nouvel État du Panama, à l'indépendance duquel ils avaient grandement contribué, le permis de construire du canal pour relier l'Atlantique au Pacifique. Le statut du canal est toujours resté très fortement marqué par ces circonstances politiques.

Ainsi, aux termes du traité conclu en 1903 entre les deux États, les États-Unis se sont vus reconnaître « *tous ses droits, pouvoirs et autorité qu'ils posséderaient et exerceraient comme s'ils étaient souverains de ce territoire* » sur une bande de terre de 10 milles de largeur autour de la voie d'eau, ainsi que la gestion et la défense du canal à perpétuité. Ces droits étaient complétés par un pouvoir d'intervention militaire en cas de menace contre la République du Panama.

Ces conditions exorbitantes, qui nient la souveraineté territoriale panaméenne, ont été renégociées en 1977. Une nouvelle convention a rétabli depuis 2000, la souveraineté de Panama sur le Canal avec maintien d'un statut de neutralité garanti par les États-Unis, ce qui leur permet d'intervenir militairement en cas de menace contre le canal.

3. Canal de Suez

En 1859, les travaux de percement de l'isthme de Suez, pour relier la Méditerranée à la mer Rouge, furent entrepris par le Français Ferdinand de Lesseps, lequel en avait obtenu la concession de l'Empire ottoman. Malgré les efforts déployés par les Britanniques pour contrecarrer les projets français, le canal fut inauguré le 17 novembre 1869.

La concession de l'exploitation du canal était confiée à la compagnie du canal de Suez, société anonyme à capitaux franco-égyptiens, de droit français, pour une durée de 99 ans. Celle-ci percevait des taxes de navigation, moyennant le versement d'une redevance de 15 % au gouvernement égyptien. Le régime juridique du canal était au départ de droit interne égyptien, avec garantie de libre passage. Le fondement juridique de cette garantie est rapidement apparu insuffisant pour les grandes puissances. Aussi, le 29 octobre 1888, le régime de navigation fut internationalisé par la convention de Constantinople, signée par neuf États. Celle-ci garantit la liberté de la navigation, en temps de paix comme en temps de guerre, pour tout navire de commerce ou de guerre, pour tous les États.

La charge de garantir l'exercice de cette liberté revenait au départ aux forces égyptiennes et turques, puis, à partir de 1904, aux troupes anglaises stationnées pour ce faire en permanence dans la zone du canal.

Le 26 juillet 1956, l'Égypte de Nasser décide de la nationalisation de la Compagnie du canal de Suez, ce qui déclenche une expédition militaire franco-britannique. Cette mesure fait passer la gestion du canal sous la souveraineté de l'Égypte, mais ne porte pas atteinte au régime international du canal, puisque l'Égypte réaffirme en 1957 la validité de la Convention de Constantinople. Malgré deux périodes de fermeture du canal liées aux guerres israélo-arabes, la liberté de navigation est donc garantie dans le canal.

Section 2 : Détroits internationaux

Le détroit un est passage maritime resserré entre deux terres faisant communiquer deux mers. La Cour Internationale de Justice a affirmé que le critère géographique est le fondement déterminant du droit de passage, excluant ainsi toute référence au volume du trafic ou de l'importance du détroit pour la navigation. Comme il permet la communication entre deux mers, le détroit international relève de régimes juridiques qui varient selon l'importance géostratégique de ce dernier.

Avec la Convention de Montego Bay, le droit de ces détroits (plus d'une centaine sur la planète) repose sur trois principes :

- La liberté de passage si le détroit a une largeur suffisante pour ne pas entrer dans la mer territoriale de l'État côtier ;

- Le droit de passage en transit, qui doit être continu et rapide et s'applique également en plongée pour les sous-marins si le détroit comprend des eaux territoriales ;

- La liberté de survol par un transit continu et rapide.

Le régime du passage par les détroits servant à la navigation internationale n'affecte pas le régime juridique des eaux, ni l'exercice, par les États riverains, de leur souveraineté ou de leur juridiction sur ces eaux, les fonds marins correspondants et leur sous-sol, ainsi que sur l'espace aérien surjacent. Ces États ont le droit d'adopter des lois et règlements relatifs au passage portant sur :

- La sécurité de la navigation et la régulation du trafic maritime ;

- La prévention, la réduction et la maîtrise de la pollution ;

- L'interdiction de la pêche ;

- L'embarquement ou le débarquement des marchandises.

Ces lois et règlements ne doivent entraîner aucune discrimination et bénéficier d'une publicité adéquate. En contrepartie, les États riverains ne doivent pas entraver le passage en transit et doivent signaler tout danger pour la navigation dans le détroit ou le survol du détroit dont ils ont connaissance. L'exercice du droit de passage en transit ne peut être suspendu.

Certains détroits reposent cependant sur un régime juridique précis.

1. Les détroits turcs du Bosphore et de Dardanelles

Frontières entre l'Europe et l'Asie, reliant la mer Méditerranée à la mer Noire, les détroits turcs représentent depuis toujours un passage des plus stratégiques pour les opérateurs maritimes. La Convention de Montreux du 20 juillet 1936 prévoit qu'en temps de paix, les navires de commerce de tous les pays ont la liberté complète de navigation dans les détroits, de jour et de nuit ; quant aux navires de guerre, ils bénéficient aussi de la liberté de passage quel que soit leur pavillon, sans aucune taxe ou charge quelconque, pourvu qu'ils s'engagent de jour dans les détroits.

En temps de guerre, si la Turquie n'est pas belligérante, le régime institué pour les navires de commerce, qu'ils soient belligérants ou non, est en tous points le même que celui du temps de paix, seul le passage des détroits aux flottes de guerre belligérantes est interdit ; si la Turquie est partie à un conflit, les navires de commerce n'appartenant pas à un pays en guerre avec la Turquie jouissent de la liberté de passage mais ils ne doivent en aucune façon assister l'ennemi et entrer de jour dans les détroits et par la route indiquée par les autorités turques ; pour les navires de guerre, leur passage est entièrement laissé à la discrétion du gouvernement turc.

La Convention de Montreux est toujours d'application alors que trois des six riverains de la mer Noire, sont désormais membres de l'Organisation du Traité de l'Atlantique Nord. La stabilité de région repose en partie sur les grands principes de cette convention :

1° la sécurité de la Turquie assurée par sa souveraineté absolue dans la zone des détroits ;

2° la sécurité des riverains de la mer Noire, plus particulièrement de la Russie, assurée par la liberté de passage strictement réglementée pour les navires de guerre ;

3° la liberté de passage pour la marine marchande.

2. Le détroit de Magellan

Le régime juridique de ce détroit est fixé par la Convention du 23 juillet 1881, passée entre l'Argentine et le Chili. La Convention prévoit le libre passage inoffensif pour la marine internationale, l'interdiction de fortifier les rives, et une neutralisation en temps de guerre qui interdirait à tout navire de guerre le passage dans le détroit.

3. Le détroit de Malacca

Il a fait l'objet du Traité de Manille le 23 février 1977. C'est l'une des plus importantes voies de navigation du monde en étant l'une des principales voies de passage entre les océans Pacifique et Indien, reliant quatre des pays les plus peuplés de la Planète : Chine, Inde, Indonésie et Japon. Plus récent, ce traité oriente la réglementation davantage sur les aspects de navigation et de lutte contre la pollution que sur les problèmes de sécurité militaire. Les règles sont draconiennes : routes maritimes impératives, séparation du trafic, interdiction du dépassement, limitation de la vitesse, couverture d'assurance contre les risques obligatoire.

4. Le détroit de Gibraltar

Il commande l'accès à la mer Méditerranée en séparant aussi deux continents l'Afrique et l'Europe. Il est d'une importance stratégique fondamentale : en temps de paix, la navigation est libre, alors qu'en temps de guerre, la Grande-Bretagne et l'Espagne, membre de l'Organisation du Traité de l'Atlantique Nord, pourraient contrôler la navigation.

Section 3 : Fleuves et cours d'eau internationaux

Sont qualifiés d'internationaux les fleuves situés sur le territoire de plusieurs États, qu'ils marquent une frontière (fleuves frontières) ou qu'ils coulent successivement dans plusieurs États (Fleuves successifs). Soumis à la souveraineté territoriale de l'État sur lequel ils se trouvent, le régime juridique de ces fleuves est partiellement internationalisé parce qu'ils représentent un intérêt commun pour plusieurs États.

Les règles internationales visaient traditionnellement à conserver le caractère de voies de communication à ces espaces. La tendance récente, constate la situation d'interdépendance dans laquelle se trouvent les différents États utilisateurs des fleuves, marque une internationalisation croissante des règles relatives aux utilisations des cours d'eau internationaux à des fins autres que la navigation.

1. Le régime de la navigation fluviale

La plupart des grands fleuves internationaux font l'objet d'accords internationaux spécifiques, fixant notamment les conditions de navigation sur leurs eaux. Ces conditions sont extrêmement variables d'un fleuve à un autre, de sorte qu'il est pratiquement impossible d'affirmer l'existence d'un véritable statut international des fleuves.

A. La liberté de navigation

C'est la Révolution française qui, la première, proclama le principe de la liberté de navigation sur tous les fleuves, pour tous les États, comme corrélatif du droit de commerce. Cette règle fut effectivement mise en œuvre, essentiellement dans le cadre européen, au cours du XIXe siècle et la réglementation de la navigation fluviale a été la première question de Droit international à donner naissance à des véritables Organisation internationales (Commission centrale pour la navigation du Rhin, 1815).

En 1921, sous les auspices de la Société des Nations, se tint à Barcelone une conférence internationale qui aboutit à l'adoption d'une convention internationale, d'un statut des fleuves internationaux et d'un protocole. L'article 3 du statut proclamait l'obligation d'accorder l'exercice de la liberté de navigation aux bateaux qui battent pavillon de l'un quelconque des États parties aux accords de Barcelone. Fut ainsi établi le principe de la liberté et d'égalité des États concernant la navigation fluviale, les États non riverains se voyant reconnaître les mêmes droits que les riverains.

B. Les limites au principe de liberté

Ces limites tiennent à la fois au contenu du principe lui-même et à la portée limitée des accords de Barcelone.

Tout d'abord, d'une manière générale, il est admis que la liberté de la navigation n'est pas absolue. L'État territorial conserve un pouvoir de contrôle et d'aménagement de cette navigation qui est non négligeable et qui peut en pratique porter atteinte au principe lui-même. De plus, contrairement aux canaux internationaux, cette liberté ne s'applique pas aux navires de guerre et certaines activités, de cabotage notamment, peuvent être réservées aux navires de l'État territorialement souverain.

Enfin, les accords de Barcelone n'ont qu'une portée juridique limitée. Ils ne s'appliquent qu'entre États et, surtout, uniquement aux fleuves internationaux non régis par des accords spéciaux, ce qui est l'exception. Le régime de navigation sur la plupart des fleuves internationaux est donc réglé par des accords spécifiques, qui aménagent diversement le principe de la liberté de navigation.

2. L'utilisation des cours d'eau internationaux à des fins autres que la navigation

Que ce soit pour l'agriculture, pour l'industrie ou tout simplement pour l'alimentation en eau potable des populations, l'utilisation des cours d'eau internationaux s'est diversifiée et fait apparaître la nécessité d'une collaboration internationale croissante entre les États qui dépendent d'un fleuve. La convention internationale sur le droit relatif aux utilisations des cours d'eau internationaux à des fins autres que la navigation, adoptée par l'Assemblée générale des Nations unies le 21 mai 1997, vise à généraliser et systématiser cette concertation.

3. La convention des Nations Unies du 21 mai 1997

Elle pose le principe de « l'utilisation équitable et raisonnable » des cours d'eau internationaux, ce qui vise à garantir leur utilisation optimale et durable. Pour parvenir à ce résultat, la convention établit une obligation de coopération à la charge de tous les États intéressés, confirmant ainsi les avancées jurisprudentielles (Cour Permanente de Justice Internationale, *Affaire de l'Oder*, 1929 ;

Sentence arbitrale, *Affaire du Lac Lanoux*, 1957). Cette coopération devra se réaliser au sein des structures institutionnelles permanentes, selon des principes déterminés :

- droit pour chaque État riverain de participer à cette structure,

- échange des données,

- notifications systématiques des mesures projetées dans l'un des États du cours d'eau et susceptibles d'avoir des incidences sur les autres,

- notifications et coopération en cas d'accident ou de situation d'urgence.

Les États riverains doivent utiliser le cours d'eau de manière à ne pas causer de dommage significatif aux autres États riverains. De plus un État ne doit pas priver un autre État de son droit d'utiliser le cours d'eau (CIJ, *Projet de Nabcikovo-Nagymaros*, 1997).

Cette convention-cadre, qui devra être complétée par des accords de cours d'eau dans chaque cas d'espèce, a pour objectif global d'organiser la protection, la préservation et la gestion en commun des cours d'eau internationaux.

Pour associer l'ensemble des États intéressés aux efforts de gestion des cours d'eau, la notion du fleuve a dû être élargie pour une participation plus large que celle des simples États riverains aux processus de coopération.

Toujours dans l'idée d'une utilisation raisonnable, on peut aussi citer la Convention sur la protection et l'utilisation des cours d'eau transfrontières et des lacs internationaux du 17 mars 1992, entrée en vigueur en 1996. Il s'agit d'une convention-cadre qui permet aux États riverains de coopérer dans le but de protéger l'environnement des eaux transfrontières. Les États parties doivent prévenir ou réduire la pollution des eaux en veillant à ce que ces eaux soient utilisées selon le principe de développement durable, en respectant l'environnement, et en en faisant un usage raisonnable et équitable.

4. L'intérêt de la notion de cours d'eau

La convention de 1997 vise à appréhender de manière globale et réaliste les situations transfrontalières dues aux fleuves internationaux. Dans ce but, elle a défini le cours d'eau comme « *un système d'eaux de surface et d'eaux souterraines constituant, du fait de leurs relations physiques, un ensemble unitaire et aboutissant normalement à un point d'arrivée commun* ».

Cette notion est donc beaucoup plus large que celle de fleuve, même si on lui rattache les affluents, et permet de faire participer réellement tous les États dont les actes peuvent avoir des conséquences transfrontières, ou qui peuvent en être affectées, aux accords d'utilisation de ces cours d'eau. Elle correspond à l'idée de bassin fluvial.

CHAPITRE 4

Espace aérien

En effet, soumis à la compétence territoriale de l'État, l'espace aérien désigne la colonne d'air surplombant le territoire d'un État. Cette extension physique de la sphère géographique de la compétence de l'État s'apparente à l'assimilation de la mer territoriale au territoire terrestre.

Il en résulte d'une part, une répartition des espaces aériens dans le monde et d'autre part, un aménagement du régime juridique de l'utilisation de l'espace aux fins de la navigation aérienne. Encore faut-il préciser, faute des critères scientifiques attestés, distinguant l'espace atmosphérique et l'espace extra-atmosphérique, que c'est le *critère fonctionnel* qui gouverne la matière. L'objet du nouveau droit est déterminé par les activités qui s'y déroulent et non par les espaces en tant que tels.

Section 1 : La répartition des espaces aériens

L'espace aérien se répartit en espace aérien national et espace aérien international.

1. L'espace aérien national

« *Les États contractants reconnaissent que chaque État a la souveraineté complète et exclusive sur l'espace aérien au-dessus de son territoire* » (article 1, convention de Chicago de décembre 1944).

Autrement dit, l'État sous-jacent jouit de la plénitude de la souveraineté de la compétence territoriale sur l'espace aérien qui surplombe son *territoire terrestre* et sa *mer territoriale.* En l'absence de principes coutumiers, analogues à ceux qui réglementent la navigation maritime et les passages, les différents instruments conventionnels internationaux sur la navigation aérienne comportent des dispositions explicites en la matière (convention de Chicago du 7 décembre 1944 – Organisation de l'Aviation Civile Internationale ; convention de Montego Bay du 10 décembre, article 2, paragraphe 2). En effet, « *les États contractants reconnaissent que chaque État a la souveraineté complète et exclusive sur l'espace aérien au-dessus de son territoire* » Convention de Chicago de 1944, article 1).

Sont néanmoins exclues du domaine de l'espace aérien national, les zones maritimes affectives à des fins ou usage économiques relevant de la compétence de principe de l'État riverain : *le plateau continental et la zone économique exclusive.* Cette délimitation restrictive sur le plan de la géographie physique s'explique par l'importance des considérations de sécurité qui ont marqué les travaux de négociations de ces différents traités multilatéraux.

Les *questions de sécurité,* tant de l'État survolé que des avions, posent le problème de la délimitation verticale de l'espace aérien national, notamment en raison de la vitesse actuellement atteinte par les différents types d'appareils mis en exploitation et des conséquences graves pouvant survenir à la suite des erreurs, mêmes minimes de navigation. La convention de Chicago n'établit pas de règles en matière de délimitation des espaces aériens nationaux, bien que dans la pratique des difficultés soient fréquentes : incertitudes liées à la délimitation terrestre, le caractère défectueux du fonctionnement des points de repérage.

La souveraineté de l'État sur son espace aérien national implique le caractère discrétionnaire de ses compétences pour l'aménagement du régime juridique du survol de son territoire par les aéronefs nationaux ou étrangers. Ainsi, il est libre non seulement de réglementer, mais également d'interdire tout survol à des appareils militaires ou même civils, dans le respect de ses obligations conventionnelles.

Toute violation de ces prescriptions constitue une atteinte à sa souveraineté et peut donner lieu à la mise en œuvre des mesures de réactions licites de l'État dont les droits sont violés : interception ou obligation d'atterrir de l'avion en situation d'infraction. Le droit de riposte de l'État survolé est, toutefois, limité par les exigences élémentaires d'humanité, liées au souci de ne pas mettre en danger les vies des personnes transportées.

Dans l'espace aérien national, il n'existe pas de *libre passage inoffensif* pour tous les aéronefs.

2. L'espace aérien international

L'espace aérien international est constitué par les espaces ne relevant pas de la souveraineté d'un État sous-jacent particulier. À la différence de la haute mer, on ne saurait envisager pour cette catégorie juridique un régime de liberté absolue pour des raisons évidentes de sécurité.

Aussi des fonctions particulières ont été attribuées à l'Organisation de l'Aviation civile internationale pour promouvoir l'internationalisation effective de cet espace dans le cadre d'une uniformisation au plus haut degré possible des règles de navigation aérienne. Cette internationalisation du régime connaît néanmoins deux limites : en premier lieu, *ratione rei*, la convention de l'Organisation de l'Aviation Civile Internationale ne s'applique qu'aux seuls aéronefs civils à l'exclusion des appareils d'État (article 2, paragraphe a et b) et, en second lieu, l'efficacité de la convention est fonction directe de la prise en charge par chaque État de sa responsabilité « *Chaque État contractant convient de ne pas employer l'aviation civile à des fins incompatibles avec les buts de la présente Convention* » (article 4). Les manœuvres d'approche relèvent de l'autorité de l'État survolé à laquelle doivent se plier les avions concernés, tandis qu'il appartient à chaque État de prendre des mesures pour faire respecter les règles et règlements en vigueur par les avions arborant son pavillon.

Section 2 : Le régime juridique de la navigation aérienne

En l'absence de principes coutumiers analogues à la liberté de la haute mer, la réglementation de la navigation aérienne est essentiellement issue soit des tentatives de codification, comme la convention de Chicago de 1944, soit de divers instruments juridiques dérivés de la convention de Chicago, objets de traités bilatéraux ou multilatéraux. Il en résulte un ensemble de mesures fort complexes, faisant l'objet d'actualisation permanente en raison de la multitude d'intérêts en cause : sécurité militaire des États, sécurité de transport aérien, progrès technique et technologique, compétition économique et commerciale, protection de l'environnement, etc. Malgré les conflits d'intérêts liés à la navigation aérienne, les considérations de sécurité font loi en la matière « les États contractants s'engagent à tenir dûment compte de la sécurité de la navigation des aéronefs civils lorsqu'ils établissent des règlements pour leurs aéronefs » (article 3, point c, convention de Chicago) ; et il en résulte une aire d'internationalisation plus importante que dans les autres catégories d'espace juridique. Cette internationalisation de la navigation aérienne se fonde sur la notion juridique de *l'aéronef, les libertés de l'air*, les institutions de l'aviation civile internationale et la répression du terrorisme commis contre les aéronefs civils.

1. Notion juridique d'aéronef

A la différence de l'acceptation courante selon laquelle l'aéronef recouvre tout appareil capable de s'élever et de se déplacer dans l'air, la convention de Chicago définit l'aéronef en droit comme « *un appareil capable de se soutenir dans l'atmosphère grâce aux réactions de l'air autrement que les réactions de l'air contre la surface de la terre* » (chapitre I, annexe. II). Aussi, pour être admis à la navigation international, un aéronef doit-il être soumis à une double condition relative à sa nationalité et à son statut au sein d'une des catégories juridiques de la typologie des vols.

A. Nationalité et immatriculation des aéronefs

Un aéronef doit être immatriculé sur les registres appropriés d'un État dont il jouit de la nationalité à l'exclusion de toute autre possibilité de nationalité « *Les aéronefs ont la nationalité de l'État dans lequel ils sont immatriculés* » (article 17, convention de Chicago). L'immatriculation répond à une exigence d'effectivité du contrôle de l'État sur les aéronefs qui arborent son pavillon. Cet acte de « nationalisation » est subordonné au respect des exigences techniques liées à la sécurité de la navigation. Il s'agit des *certificats d'immatriculation et de navigabilité, des licences appropriées pour chaque membre de l'équipage, de son carnet de route, la licence de la station de l'aéronef* (s'il est muni d'appareils radioélectriques), la *liste des noms des passagers et lieux d'embarquement et de destination* (s'il transporte des passagers), un manifeste et des déclarations détaillées (s'il transporte du fret), selon l'article 29 de la convention de Chicago.

Ces documents de bord permettent à l'aéronef de solliciter à l'étranger la protection de l'État, dont il arbore le pavillon ou l'assistance de ses services publics notamment diplomatiques. L'importance de la responsabilité de l'État du pavillon découlant de l'immatriculation, explique les conditions internationales strictes relatives à l'accomplissement de cette formalité. Le principe, en effet, est que la nationalité n'est accordée qu'aux aéronefs appartenant entièrement à des personnes physiques ou morales ayant la nationalité de l'État du pavillon. Cette règle de la nationalité du propriétaire a été établie par opposition à celle dite du domicile, critère trop laxiste rappelant par certains aspects la pratique des pavillons de complaisance des navires.

B. Typologie juridique des vols

Tout vol aérien est classé en droit international selon un double critère envisagé d'une manière cumulative et tiré d'une part du statut de l'aéronef envisagé et d'autre part de la nature du vol envisagé.

C. Statut de l'appareil

Une distinction doit être établie selon le statut *public* ou *privé* de l'appareil effectuant le vol. Le critère retenu envisage une approche fonctionnelle de la navigation concernée mais non la qualité de personne publique ou privée du propriétaire. Les aéronefs d'État, aux termes de différentes conventions, sont affectés à l'accomplissement des missions de service public : *défense, douane, police et les services postaux* (article 3, point b, convention de Chicago). Les autres aéronefs, de manière résiduelle, sont considérés de plein droit comme civils.

La conséquence juridique de cette distinction est liée au droit de jouissance des libertés de l'air qui ne sont étendues de plein droit aux aéronefs d'État. Une autorisation préalable est requise pour le survol d'un territoire par un appareil d'État, notamment militaire qui bénéficie, dès lors, d'une immunité complète pendant le passage (article 3, point c, convention de Chicago).

D. Nature du vol civil

Les vols des aéronefs civils peuvent être classés en fonction de deux considérations principales : la *nature commerciale* ou non du transport envisagé et le *caractère irrégulier* du transport effectué. Il en résulte quatre catégories distinctes auxquelles correspondent à chacune, une ou plusieurs libertés de l'air. Il s'agit des :

- Vols non commerciaux n'assurant pas le transport des personnes, des marchandises et du courrier ;
- Vols commerciaux non réguliers ;
- Vols commerciaux réguliers ;
- Vols de cabotage ou vols commerciaux intérieurs réservés aux aéronefs de la nationalité de l'État et reliant deux points dudit État, convention de Chicago, article 7)

L'importance commerciale de cette typologie des aéronefs et des vols explique les problèmes rencontrés lors de la classification des libertés de l'air.

2. Libertés de l'air

Lors des négociations de la Convention de l'Organisation de l'Aviation Civile Internationale en 1944, la délégation des États-Unis d'Amérique, était la seule pour préconiser le régime de la liberté absolue de la navigation aérienne. De leur côté, les participants tenaient à sauvegarder leurs intérêts économiques et commerciaux en préconisant un régime de liberté contrôlée de l'air. Aussi, la classification des libertés de l'air se fonde-t-elle sur une double idée : d'une part la numérotation sans implication des libertés et d'autre part la dissociation de chaque liberté.

A. Énumération des libertés

- Liberté élémentaire

Elle comprend la **liberté n° 1** ou le *droit de survol sans escale* (vols non commerciaux, vols non commerciaux réguliers) et la **liberté n° 2** ou le *droit d'escale technique non commerciale* (vols non commerciaux, vols non commerciaux réguliers) ;

- *Liberté commerciale*

Elle englobe la **liberté n° 3** ou le *droit de débarquer des passagers, du fret et du courrier* sur le territoire d'un État dont l'aéronef possède la nationalité (vols commerciaux réguliers) ; la **liberté n° 4** ou le *droit d'embarquer* des passagers, du fret et du courrier à destination du territoire de l'État dont l'aéronef a la nationalité (vols commerciaux réguliers) ; la **liberté n° 5** ou le *droit d'embarquer ou de débarquer* des passagers, du fret ou du courrier, en provenance ou à destination du territoire de tout autre État contractant (vols commerciaux réguliers) ;

B. La dissociation de chaque liberté

La règle de principe est que chaque liberté fait l'objet de négociations et d'accords spécifiques. En pratique, les **libertés n° 1 et 2** sont les plus aisées à obtenir dans la mesure où elles concernent les problèmes techniques et élémentaires de la navigation aérienne. Elles sont reconnues à tous les aéronefs civils des États signataires de la convention de Chicago de 1944.

En revanche, les libertés commerciales font l'objet d'âpres négociations compte tenu des intérêts des parties : capacité de la flotte aérienne, position géographique, politique commerciale et structure de trafic, niveau de concurrence, etc. La **liberté n° 5** est celle qui fait problème dans les relations aériennes internationales ; sa consécration par des dispositions spéciales fait sérieusement concurrence aux accords octroyant les **libertés 3 et 4**. Toujours est-il que c'est dans le cadre des accords bilatéraux que sont aménagées les conditions d'exploitation et de concurrence aérienne.

3. Les institutions de l'aviation civile internationale

L'internationalisation progressive du régime juridique de l'aviation civile a entraîné la mise en place de véritables institutions internationales dans le cadre de la mise en exploitation commune des services, de l'Organisation de l'Aviation Civile Internationale et de l'organisation professionnelle qu'est l'Association internationale des transporteurs aériens (IATA).

A. L'Organisation de l'Aviation Civile Internationale (OACI)

Institution spécialisée du système des Nations Unies, créée le 7 décembre 1944, l'Organisation de l'Aviation Civile Internationale se compose d'une Assemblée, d'un Conseil et de tous autres organes qui pourraient être nécessaires (article 43, convention de Chicago).

L'Organisation de l'Aviation Civile Internationale a pour but d'élaborer les principes et techniques de la navigation aérienne internationale et de promouvoir la planification et le développement du transport aérien international de manière à :

- assurer le développement ordonné et sûr de l'aviation civile internationale dans le monde entier ;

- encourager les techniques de conception et d'exploitation des aéronefs à des fins pacifiques ;

- encourager le développement des voies aériennes, des aéroports et des installations et services de navigation aérienne pour l'aviation civile internationale ;

- assurer le respect intégral des droits des États contractants et une possibilité équitable pour chaque État contractant d'exploiter des entreprises de transport aérien international ;

- promouvoir la sécurité de vol dans la navigation aérienne internationale (convention de Chicago, article 44).

A. Règlement des différends

« *Si un désaccord entre deux ou plusieurs États contractants à propos de l'interprétation ou de l'application de la présente convention et de ses annexes ne peut être réglé par voie de négociation, le Conseil statue sur la requête de tout État impliqué dans ce désaccord. Aucun membre du Conseil ne peut voter lors de l'examen par le Conseil d'un différend auquel il est partie. Tout État contractant peut, sous réserve de l'article 85, appeler de la décision du Conseil à un tribunal d'arbitrage ad hoc établi en accord avec les autres parties au différend ou à la Cour internationale de justice. Un tel appel doit être notifié au Conseil dans les soixante jours à compter de la réception de la notification de la décision du Conseil* », stipule l'article 84 de la convention de Chicago.

Quant à la *procédure d'arbitrage*, l'article 85 énonce que : « *Si un État contractant, partie à un différend dans lequel la décision du Conseil est en instance d'appel, n'a pas accepté le statut de la CIJ et si les États contractant parties à ce différend ne peuvent se mettre d'accord sur le choix du tribunal d'arbitrage, chacun des États contractants parties au différend désigne un arbitre et ces arbitres désignent un surarbitre. Tout tribunal d'arbitrage établi en vertu du présent article ou de l'article précédent détermine ses règles de procédure et rend ses décisions à la majorité des voix, étant entendu que le Conseil peut décider des questions de procédure dans le cas d'un retard qu'il estimerait excessif* ».

Outre la compétence juridictionnelle, le Conseil a la compétence réglementaire pour assurer effectivement l'uniformisation des règles et procédures de la navigation aérienne. À cette fin, le Conseil peut adopter ou amender les normes et les pratiques recommandées et les procédures internationales applicables à la navigation internationale sous forme d'annexes, notamment les standards ou les normes considérées comme le minimum nécessaire.

Section 3 : Répression des infractions commises contre les aéronefs civils

Les sanctions administratives sont prévues aussi bien à l'encontre d'une entreprise de transport aérien que d'un État qui ne se conforme pas aux dispositions prévues par la convention de Chicago (articles 87 et 88).

Quant à la répression des infractions commises contre les aéronefs civiles, il faut se tourner vers la convention de la Haye du 16 décembre 1970, qui définit l'infraction pénale en ces termes : « *Commet une infraction pénale, toute personne qui, à bord d'un aéronef en vol, illicitement et par violence ou menace de violence s'empare de cet aéronef ou en exerce le contrôle ou tente de commettre l'un de ces actes, ou est complice d'une personne qui commet ou tente de commettre l'un de ces actes* » (article 1) et « *Tout État s'engage à réprimer l'infraction par de peines sévères* » (article 2).

Tout État contractant prend des mesures nécessaires pour établir sa compétence aux fins de connaître de l'infraction, ainsi que de tout autre acte de violence dirigé contre les passagers ou l'équipage et commis par l'auteur présumé de l'infraction en relation directe avec celle-ci, dans les cas suivants :

- si elle est commise à bord d'un aéronef immatriculé dans cet État ;

- si l'aéronef à bord duquel l'infraction est commise atterrit sur son territoire avec l'auteur présumé de l'infraction se trouvant encore à bord ;

- si l'infraction est commise à bord d'un aéronef donné en location sans équipage à une personne qui a le siège principal de son exploitation ou, à défaut, sa résidence permanente dans ledit État (article 4).

Il est également prévu que tout État contractant prend les mesures nécessaires pour établir sa compétence aux fins de connaître de l'infraction dans le cas où l'auteur présumé de celle-ci se trouve sur son territoire et ou ledit État ne l'extrade pas vers l'un des État contractant et la convention de la Haye n'écarte aucune compétence pénale exercée conformément aux lois nationales (article 4, paragraphes 2 et 3).

Non seulement l'infraction est de plein droit comprise comme cas d'extradition dans tout traité d'extradition conclu entre États contractants, et qui plus est, la convention de la Haye du 16 décembre 1970, constitue la base juridique de l'extradition (article 8, paragraphes 1et 2) d'une part ; et les États contractants s'accordent l'entraide judiciaire la plus large possible dans toute procédure pénale relative à l'infraction et aux autres actes visés à l'article 4, d'autre part.

CHAPITRE 5

Espace extra-atmosphérique

L'espace extra-atmosphérique représente la catégorie d'étendue la plus récente à laquelle s'est intéressé le droit positif. Le lancement de spoutnik I, le 4 octobre 1959 a ouvert une nouvelle ère dans l'ordre juridique de l'espace extra-atmosphérique.

Par-delà les controverses, la limite physique n'est pas satisfaisante dans la mesure où elle ne présente pas un intérêt juridique évident en ce qui concerne l'effectivité du régime juridique applicable aux engins et aux activités concernés. Ainsi, est-il préféré une approche fonctionnelle du droit applicable au domaine d'activités. En effet, l'espace extra-atmosphérique est le centre de plusieurs activités dont les principales sont les activités de navigation dans l'espace atmosphérique et interstellaire (qui remplit l'espace entre les étoiles) et de télécommunication.

Section 1 : Le droit de l'espace extra-atmosphérique et des corps célestes

Le statut juridique de l'espace extra-atmosphérique et des activités qui s'y déroulent est régi par un certain nombre d'instruments internationaux tels que :

- le Traité sur les principes juridiques régissant les activités des États en matière d'exploration et d'utilisation de l'espace extra-atmosphérique, y compris la Lune et les autres corps célestes, du 27 janvier 1967 ;

- l'Accord sur le sauvetage des astronautes, le retour des astronautes et la restitution des objets lancés dans l'espace extra-atmosphérique, du 22 avril 1968 ;

- la Convention sur la responsabilité internationale pour les dommages causés par des objets spatiaux, du 29 mars 1972 ;

- la Convention sur l'immatriculation des objets lancés dans l'espace extra-atmosphérique, du 14 janvier 1975 ;

- l'Accord régissant les activités des États sur la Lune et les autres corps célestes, du 18 décembre 1979 (les corps célestes sont les planètes, astéroïdes, étoiles, etc.).

Trois questions sont au centre d'intérêt de ce régime juridique : le statut, l'immatriculation des objets, le mécanisme de la coopération internationale.

1. Le statut de l'espace extra-atmosphérique, la lune et les corps célestes

Le statut juridique de l'espace extra-atmosphérique, y compris la lune et les corps céleste, est régi par quatre principes : non appropriation nationale, liberté d'utilisation, usage à but pacifique, obligation de coopérer.

A. Les principes

- Le principe de la non-appropriation

Le principe de la *non-appropriation* est posé par la convention de 1967, à son article 2, qui stipule que : « *L'espace extra-atmosphérique, y compris la Lune et les autres corps célestes, ne peut faire l'objet d'appropriation nationale par proclamation de souveraineté, ni par voie d'utilisation ou d'occupation, ni par aucun autre moyen* ». Il s'agit de la dimension négative de la liberté de l'espace, selon laquelle aucun acte, ni aucune activité afférent à ces espaces ne peuvent créer un droit quelconque à leur auteur, ni constituer un titre de souveraineté. Et ce, parce que l'espace extra-atmosphérique, y compris la Lune et les corps célestes est « *l'apanage de l'humanité tout entière* » ou le « patrimoine commun de l'humanité ».

C'est au nom du principe de « *patrimoine commun de l'humanité* » qu'en 1976, la revendication de souveraineté des pays de la zone équatoriale sur l'orbite des satellites géostationnaires (Brésil, Colombie, Équateur, Indonésie, Kenya, Ouganda, République Démocratique du Congo) a été catégoriquement rejetée.

- *Le principe de la liberté d'utilisation*

La liberté d'utilisation de l'espace extra-atmosphérique implique tout d'abord la liberté de l'initiative pour mener des activités spéciales. Tous les États peuvent utiliser l'espace extra-atmosphérique sans avoir à en demander l'autorisation, aux États sous-jacents. Cette liberté comprend notamment la liberté de lancement d'objets dans l'espace et la liberté d'utilisation des orbites, de la navigation spatiale, de la recherche scientifique notamment la télédétection par les satellites d'observation qui peut avoir des objectifs d'espionnage, est parfaitement licite en droit international. « *L'espace extra-atmosphérique, y compris la Lune et les autres corps célestes, peut être exploré et utilisé librement par tous les États sans aucune discrimination, dans des conditions d'égalité et conformément au droit international* » (article 1, alinéa 2, Traité des Nations Unies, du 27 janvier 1967).

- *Le principe de l'utilisation pacifique*

L'espace extra-atmosphérique doit être utilisé conformément aux principes du droit international et ne doit servir qu'à des fins pacifiques. À ce titre, il est interdit de mettre des armes nucléaires ou de destruction massive en orbites ou de les stationner sur la Lune et les corps célestes (article 4, Traité des Nations Unies, 27.1.1967).

Ces dispositions n'impliquent pas forcément une démilitarisation de l'espace, puisque des programmes à vocation strictement défensive pourraient être acceptés (le problème s'est posé à propos de l'initiative de défense stratégique du président R. Reagan dite la guerre des étoiles).

- *Le principe de l'obligation de coopération*

En pratique, cette obligation de coopérer se traduit par l'engagement de faciliter l'observation des vols astronautiques, la diffusion la plus large possible des informations recueillies grâce à ces vols et d'ouvrir dans la mesure du possible l'accès des installations.

L'obligation de « *coopération et d'assistance mutuelle* » (article 9, Traité Nations Unies, 1967), se double d'une obligation d'assistance envers les astronautes qualifiés « *d'envoyés de l'humanité dans l'espace* » (article 5, Traité des Nations Unies, 1967). Cette coopération implique également un partage équitable des avantages tirés de l'utilisation de l'espace extra-atmosphérique, avec l'ébauche d'un régime international d'exploitation dans le cas de la Lune et des corps célestes, puisqu'ils appartiennent au patrimoine commun de l'humanité.

Il convient de signaler que des nouveaux projets spatiaux sont lancés, qu'il s'agisse du programme américain « *Vision for Space Exploration (VSE) ou Projet d'exploration spatiale des États-Unis d'Amérique par des engins habités et robotisés du système solaire* » ou du Programme « *Aurora* ou Avion furtif de l'armée américaine ». Cependant, la mise en œuvre de ces projets dans les prochaines décennies et l'exploitation conséquente des ressources (géologiques, mais aussi rayonnements, vents solaires et orbites géostationnaires) se heurteront, à coup sûr, au principe de non appropriation nationale par voie de souveraineté, ou par voie d'utilisation ou d'occupation, et celui de l'affectation de l'espace à l'humanité tout entière.

2. Le statut particulier de la lune et des autres corps célestes

Les principes régissant l'espace sont aussi valables pour la lune et les autres corps célestes solides du système solaire. Échappent à cette définition les matières extra-terrestres qui atteignent la surface de la terre comme les météorites en chute. Mais, c'est en matière de démilitarisation que le statut de la lune et des corps célestes ne se distingue du droit de l'espace interstellaire. En effet, l'interdiction des armements y est absolue et totale. L'établissement de bases, les essais et les manœuvres militaires sont prohibés et la règle frappe aussi bien les armes nucléaires et de destruction massive que les armes dites classiques. Mais les activités mixtes, pacifiques mais non dénuées d'intérêt militaire, menées par des militaires, ne sont pas en soi interdites bien que sources d'ambiguïtés.

Par ailleurs, par transposition dans le domaine de l'espace, du principe du patrimoine commun de l'humanité, la lune et les autres corps célestes sont « l'apanage de l'humanité tout entière » et leurs ressources naturelles constituent le patrimoine commun de l'humanité. Il en résulte des obligations d'information et de coopération en matière de recherche scientifique et d'environnement, ainsi que l'ébauche d'un régime international pour l'exploitation.

3. L'immatriculation des objets spatiaux et la responsabilité

Par analogie avec les navires et les aéronefs, les engins spatiaux sont immatriculés par un État. La compétence d'un État pour assurer l'immatriculation des engins spatiaux fait l'objet d'un régime juridique particulier et l'exercice de cette compétence comme celui des activités spatiales est sanctionné par un régime spécial de responsabilité.

A. Régime juridique de l'immatriculation

Les engins spatiaux sont soumis à la formalité de l'immatriculation dont la responsabilité relève de la compétence de l'État lanceur : « *L'État de lancement désigne un État qui procède ou fait procéder au lancement d'un objet spatial, d'un État dont le territoire ou les installations servent au lancement d'un objet spatial* » (article 1, Traite des Nations Unies, 14.1.1975).

Les organisations internationales peuvent jouir du droit de faire immatriculer des objets spatiaux. L'originalité du mécanisme tient au système du double registre. Un premier registre est tenu par l'État de lancement et un second par le Secrétaire général des Nations Unies (article 3, Traité des Nations Unies, du 14 janvier 1975).

À l'examen, le double registre ne se situe pas au même degré d'obligation juridique. L'immatriculation nationale découle directement de la pratique en matière de nationalité des navires et des aéronefs. En revanche, l'immatriculation auprès des Nations Unies est la consécration de la pratique de l'enregistrement volontaire, initialement observée par les puissances spatiales.

B. Compétence et responsabilité de l'État d'immatriculation

Par État d'immatriculation, il faut entendre « *un État de lancement sur le registre duquel un objet spatial est inscrit conformément à l'article II* », d'après lequel « *Lorsqu'un objet spatial est lancé sur une orbite terrestre ou au-delà, l'État de lancement l'immatricule au moyen d'une inscription sur un registre approprié dont il assure la tenue* » (articles 1 et 2, Traité des Nations Unies, du 14 janvier 1975).

L'immatriculation des engins spatiaux confère à l'État de lancement des compétences particulières dont l'exercice est sanctionné par la *responsabilité internationale*. Cet État exerce sur l'engin une *compétence personnelle* et *continue de juridiction* pendant toute l'opération de navigation spatiale : depuis le lancement jusqu'à la récupération de l'engin, sans considération particulière du statut de l'espace touché ou survolé : espace interstellaire, corps célestes, terre. Une *obligation de surveillance*, sinon de direction des activités menées par les personnes tant publiques que privées dans le domaine spatial pèse ainsi sur les États concernés. Des mécanismes particuliers pour la restitution des objets lancés et atterrissant sur un espace national ou international de la terre ont été aménagés par les traités de l'Organisation des Nations Unies de 1967 et de 1979.

Le système international de responsabilité pour les activités spatiales est *sui generis*, en droit international, non seulement en raison de la dimension des risques encourus mais aussi du caractère spécifique des règles qui sont établies et distinctes du droit commun de la responsabilité internationale des États. La responsabilité peut être imputée à un État pour ses activités spatiales nationales et les activités spatiales menées à partir de son territoire. La *responsabilité est absolue,* fondée sur le risque en dehors de *toute faute*, pour les dommages causés à la surface de la terre ou sur les aéronefs en vol : « *Un État de lancement a la responsabilité absolue de verser réparation pour le dommage causé par son objet spatial à la surface de la Terre ou aux aéronefs en vol* » (article 2, Traité de l'Organisation des Nations Unies du 29.3.1972).

En revanche, la responsabilité pour faute peut être engagée pour les dommages causés ailleurs qu'à la surface de la terre à un autre objet spatial soit par la faute de l'État de lancement, soit par celle de toute personne dont ledit État doit répondre : « *En cas de dommage causé, ailleurs qu'à la surface de la Terre, à un objet spatial d'un État de lancement, ce dernier État n'est responsable que si le dommage est imputable à sa faute ou à la faute des personnes dont il doit répondre* » (article 3).

Par ailleurs, et à titre d'innovation en droit international, la responsabilité peut être solidaire entre l'État de lancement et l'État ayant mis son territoire ou ses installations à la disposition du premier aux activités spatiales : « *En cas de dommage causé, ailleurs qu'à la surface de la Terre, à un objet spatial d'un État de lancement ou à des personnes ou à des biens se trouvant à bord d'un tel objet spatial, par un objet spatial d'un autre État de lancement, et en cas de dommage causé de ce fait à un État tiers ou à des personnes physiques ou morales relevant de lui, les deux premiers États sont solidairement responsables envers l'État tiers dans les limites indiquées ci-après : a) si le dommage a été causé à l'État tiers à la surface de la Terre ou à un aéronef en vol, leur responsabilité envers l'État est absolue ; b) si le dommage a été causé à un objet spatial d'un État tiers ou à des personnes ou à des biens se trouvant à bord d'un tel objet spatial, ailleurs qu'à la surface de la terre, leur responsabilité envers l'État tiers est fondée sur la faute de personnes dont chacun d'eux doit répondre* » (article 4)

La mise en œuvre de ce mécanisme de responsabilité résulte de l'initiative de l'action de l'État victime du dommage, soit directement sur son territoire, soit par la personne d'un de ses résidents permanents. L'inapplication de la règle de l'épuisement préalable des recours juridictionnels internes explique l'intervention de la Commission de règlement des demandes, véritable organe juridictionnel, statuant sur la base du droit international, de manière définitive avec l'assentiment des parties ; sinon elle peut proposer une recommandation qualifiée de sentence définitive.

4. Le mécanisme de coopération internationale

Dans le domaine de l'espace, la coopération internationale présente deux dimensions complémentaires : normative et institutionnelle.

A. Règles de la coopération

Deux principes régissent la coopération internationale spatiale. *Primo*, l'obligation d'assistance des astronautes en détresse pèse sur tous les États parties au traité de 1967 et du traité spécial de 1968. Le caractère impératif de cette prescription se fonde sur l'idée selon laquelle les astronautes sont les envoyés de l'humanité tout entière, ils doivent alors pour cela compter sur la solidarité internationale en cas de détresse : « *Dans le cas où, par suite d'un accident, de détresse ou d'un atterrissage forcé ou involontaire, l'équipage d'un engin spatial atterrit sur un territoire relevant de la juridiction d'une Partie contractante, cette dernière prendra immédiatement toutes les mesures possibles pour assurer son sauvetage et lui apporter toute l'aide nécessaire. Elle informera l'autorité de lancement ainsi que le Secrétaire général des Nations Unies des mesures qu'elle prend et des progrès réalisés…* » (Traité des Nations Unies du 22 avril 1968, article 2).

Sur la Lune autant que sur les autres corps célestes, les États doivent prendre les dispositions nécessaires pour sauvegarder la vie et la santé de l'homme, tandis que les États parties au traité de 1968 ne peuvent refuser de répondre aux demandes d'information ou de restituer les corps ou objets tombant sur leur territoire.

Secundo, une obligation optative portant sur la communication des informations sur la conduite et la nature des activités menées dans l'espace est contractée par les Puissances spatiales. L'État de lancement, dispose d'un large pouvoir discrétionnaire pour apprécier l'opportunité de la publication des résultats, le régime de la liberté quasi absolue atténue la coopération internationale en matière de recherche et d'application de ces résultats.

B. Les institutions de la coopération internationale

Le Comité des utilisations pacifiques de l'espace extra-atmosphérique de l'Assemblée générale de l'Organisation des Nations Unies, avec un sous-comité juridique et un sous-comité scientifique et technique est, sur le plan universel, le principal organisme de coopération internationale. Il a une vocation essentiellement normative et s'intéresse aux applications pratiques de la technique spatiale, avec le souhait de favoriser l'utilisation rationnelle de l'espace et ses ressources.

La coopération régionale est assurée grâce aux organisations régionales, notamment INTELSAT (accord de Washington du 21 août 1964 et du 20 août 1971) ; INTERSPOUTNIK (accord de Moscou du 15 novembre 1971 entre l'ex-Union des Républiques Socialistes Soviétiques et les États-Unis d'Amérique) ; l'Agence spatiale européenne (convention du 30 mai 1975) ; EUMESTAT ou organisation européenne pour l'exploitation de satellites météorologiques (convention du 24 1983) ; INPE (Institut de recherche spatiale au Brésil) ; INDIANA SPACE RESEARCHE ORGANISATION (ISRO).

PARTIE 2

ESPACE
ET
TÉLÉCOMMUNICATIONS

CHAPITRE 6

La régulation des télécommunications

Section 1 : considérations générale sur les télécommunications

Les télécommunications constituent un ensemble d'activités propice à l'analyse du phénomène économique et juridique de la régulation. En effet, l'ouverture à la concurrence réalisée dans ce secteur sous la pression de la globalisation s'est traduite par une profonde mutation du rôle de la puissance publique en matière de surveillance et de protection des intérêts en présence. Si auparavant, le monopole que s'étaient arrogés les pouvoir des États était censé leur permettre de veiller au bon fonctionnement des marchés, la suppression de ce monopole ne pouvait, dès lors, se concevoir que moyennant la mise en place, en contrepartie, de garde-fous, destinés à garantir que l'ensemble des intervenants sur le marché (opérateur historique, nouveaux entrants, consommateurs) ne soient pas liés par la libéralisation. Cet ensemble disparate de garde-fous est généralement saisi, dans un même élan, par le concept de « régulation[18] ».

Néanmoins, avant d'explorer les méandres de la régulation, force est de rappeler le régime traditionnel des

[18] Hank Intven, Jeremy Oliver, Edgardo Sepùlveda, *Manuel sur la Réglementation des télécommunications*, Banque mondiale, novembre 2000

télécommunications, le régime moderne des télécommunications par satellite et la liberté de l'information.

1. Qu'entend-on par télécommunications ?

Les télécommunications sont définies comme « toute transmission, émission ou réception de signaux, écrits, images ou sons, concernant des nouvelles de toute nature par fil, par radio, signal ou tout autre moyen électromagnétique ». Elles sont le domaine par excellence de la révolution technologique et économique. En effet, les télécommunications par satellite représentent actuellement un produit culturel courant, objet de compétition politique et économique très vive.

2. Le régime traditionnel des télécommunications

Le régime traditionnel des télécommunications désigne ce que l'on appelait jadis les Postes et télécommunications. Sur le plan international, les conventions ont débouché sur la création de deux organisations distinctes : l'Union postale universelle (UPU) et l'Union internationale des Télécommunications (UIT).

L'Union postale universelle, instituée en 1978 après avoir succédé à l'Union générale des Postes (créé en 1863), est structurée comme le reste des institutions spécialisées avec un congrès postal universel siégeant tous les cinq ans, un conseil exécutif de quarante membres élus par le congrès, un directeur général et un conseil consultatif des études postales.

Il a pour objectif d'assurer, d'organiser et de perfectionner les services postaux ; de développer la coopération postale internationale et d'apporter une assistance. L'Union Postale Universelle ne remet pas en cause les problèmes juridiques classiques, bien qu'elle comporte des particularités sur les arbitrages postaux, la révision des règlements d'exécution ; les nouvelles dispositions se substituent immédiatement aux réglementations anciennes lorsque les modifications rendent celles-ci inapplicables même pour les États hostiles à la révision ; mais la mesure issue de la révision ne lie que les États parties au nouvel instrument. Le comité international d'enregistrement des fréquences, organe de l'Union International des Télécommunications, est responsable de cette mission. Grâce à une meilleure maîtrise technique de la précision des fréquences et une meilleure gestion des plages horaires d'utilisation, les créneaux disponibles se sont développés et une répartition plus équitable des fréquences mieux assurée.

3. Le régime moderne des télécommunications par satellite

Le positionnement des satellites géostationnaires de télécommunication dans l'orbite équatoriale a révolutionné le monde des communications dans les relations internationales contemporaines. Sur le plan juridique, les télécommunications par satellite amènent les États et la communauté internationale à redéfinir des concepts aussi importants que le monopole national de l'émission et de réception des télécommunications internationales, la compétence nationale résultant de l'exclusivité de la compétence territoriale à l'intérieur des frontières. En pratique, les télécommunications internationales par satellite soulèvent des problèmes particuliers liés à la télécommunication directe par satellite, la télédétection et la liberté de l'information.

A. La télécommunication directe par satellite

Il s'agit de la possibilité pour un récepteur particulier de recevoir directement par satellite toutes les émissions radiodiffusées, télévisées, par téléphone, télex ou télécopie. Sur le plan technique et juridique, il s'agit de communications qui ne nécessitent pas la médiation de stations-relais au sol dont les statuts font l'objet d'accords internationaux, aussi y retrouve-t-on les règles applicables en matière d'allocation de fréquences. Mais ce type de télécommunication pose des problèmes politiques quasi insupportables, dans la mesure où le caractère nécessaire de l'accord préalable de l'État récepteur, consacré par la résolution portant sur « les principes régissant l'utilisation par les États de satellites artificiels de la terre aux fins de la télévision internationale » (résolution 37/92 du 10 décembre 1982) a été contesté par les États occidentaux, principaux producteurs d'émission, au nom de la liberté et du droit d'accès à l'émission ; cette question a été parfois considérée comme sans objet : la seule condition requise étant la possession d'une antenne parabolique.

B. La liberté d'information

Par-delà les dispositions techniques et juridiques nouvelles liées au développement des activités spatiales, le problème fondamental reste celui de la liberté de l'information, sur le plan international, avec quelques-uns de ses corollaires tels que la puissance impériale des médias des pays technologiquement équipés, le droit à la différence et à l'identité culturelle. Face à cette menace, dès 1972, les délégués gouvernementaux ont réaffirmé leur attachement au strict respect des droits souverains des États. Mais on ne saurait oublier la crise provoquée à l'UNESCO par la poursuite des débats sur le nouvel ordre mondial de l'information et de la communication, polémiques portant sur la libre circulation des informations et l'engagement partisan et/ou idéologique des organes de presse ou des mass média : une épreuve de vérité pour la coopération internationale dans l'examen des relations entre le droit et les rapports de puissance.

Section 2 : Objectifs de la régulation

Au cours de la dernière décennie du XXe siècle, on a assisté à des changements sans précédent dans l'industrie mondiale des télécommunications. Nombre d'entreprises d'État furent privatisées dans l'exploitation de ce secteur et une vague d'initiatives politiques mettant en place la concurrence et la dérégulation dans le domaine des télécommunications déferla sur la planète.

A. Le pourquoi de la régulation

L'enjeu consiste à tenir compte de la multiplicité d'intérêts présents sur les marchés des télécommunications libéralisés et faire en sorte qu'un équilibre s'instaure entre, d'une part, les préoccupations économiques qui gouvernement certains de ces intérêts (par exemple l'opérateur historique ou de nouveaux entrants et, d'autre part, les exigences non économiques qui présidaient déjà au fonctionnement du monopole de l'État et qui continuent d'être présentes après la phase de libéralisation (souci de justice sociale qui conduit à préserver un minimum de services au profit de l'ensemble de la population).

C'est cette nécessité de garantir la pérennité d'un tel équilibre qui, fondamentalement, explique et justifie la consécration, parallèlement à la libéralisation des télécommunications, d'un système complexe de régulation de ce secteur[19]. Dès lors, la fonction de régulation est un instrument de politiques publiques. Chemin faisant, l'avènement de système de régulation apparaît non pas comme le témoignage d'un retrait de la puissance publique, mais bien au contraire, comme le révélateur d'une autre façon, pour l'État, d'intervenir sur le marché des télécommunications.

---

19 Thierry Pénard et Nicolas Thirion, « la régulation dans les télécommunications : une approche croisée de l'économie et du droit », *in Thirion*, Libéralisation, privatisation, régulation, Éditions Larcier, 2006

Plusieurs arguments sous-tendent cette option :

- les marchés de télécommunications les plus libéralisées étaient en expansion et qu'ils apportaient des innovations (prestation de services plus rapide et meilleure qualité de service pour les clients) ;

- nécessité de faire appel aux capitaux privés pour développer et perfectionner les réseaux et pour mettre en place de nouveaux services ;

- le développement de l'Internet ; la croissance des services mobiles et d'autres services hertziens qui se sont substitués à des réseaux fixes et ont ouvert les marchés des télécommunications aux nouveaux prestataires ;

- développement des courants commerciaux internationaux dans les services de télécommunications fournis par des prestataires transnationaux de stature mondiale.

B. Les objectifs de la régulation

Même après avoir renoncé à l'exploitation des réseaux de télécommunications, les gouvernements conservent généralement un rôle de régulation, le but étant que la prestation des services se fasse en conformité avec l'intérêt public tel qu'il est perçu sur le plan national. Sans se mêler de ce qui ne le regarde pas « la gestion détaillée du secteur des télécommunications », la régulation pose les bases légales de l'environnement fonctionnel de ce secteur entre opérateurs du secteur privé.

Dès lors, les objectifs de régulation des télécommunications généralement reconnus sont :

- faciliter l'accès universel aux services des télécommunications de base ;

- encourager les marchés concurrentiels à promouvoir la prestation efficace des services de télécommunication ;

- garantir une bonne qualité de service ;

- la mise en place de services de pointe et des tarifs efficaces ;

- là où les marchés concurrentiels n'existent pas ou sont défaillants, prévenir les pratiques abusives de la puissance du marché, telles qu'une tarification excessive et un comportement anti-concurrence des firmes dominantes ;

- créer un climat favorable à la promotion des investissements pour développer les réseaux de télécommunication ;

- accroître la confiance du public dans les marchés des télécommunications, par l'application des politiques transparentes de régulation et d'octroi des licences ;

- protéger les droits des usagers, notamment les droits à la protection de la vie privée ;

- accroitre la connectivité des télécommunications pour tous les usages, par la mise en œuvre de procédures efficaces d'interconnexion ;

- optimiser l'utilisation de ressources limitées telles que le spectre radio-électronique, les numéros et les priorités.

C. La mise en œuvre de la réforme du secteur des télécommunications

L'expansion de la régulation des télécommunications n'épargne aucun pays aujourd'hui. Dans la majorité de cas, les réseaux de télécommunication étaient gérés par des administrations publiques de la même manière que les services publics des postes, des chemins de fer ou des transports routiers. La privatisation volontaire ou subie des entreprises publiques d'exploitation des télécommunications, a poussé l'État à introduire les réformes.

Les grandes réformes du secteur des télécommunications à l'échelle mondiale se déclinent ainsi avec les objectifs correspondants :

- *Privation des PTT :*

Elle a pour but d'attirer des fonds pour financer le développement des infrastructures des télécommunications, d'améliorer l'efficacité du secteur, d'introduire de nouveaux services et de procurer aux pouvoirs publics de recettes générées par la privatisation.

- *Octroi de licences à des opérateurs compétitifs :*

Il vise à élargir l'éventail des services, desservir des marchés non encore exploités en améliorant l'efficacité du secteur par le biais de la concurrence ; à baisser les prix, améliorer la gamme et la prestation des services ; à encourager l'innovation et introduire des services de pointe ; à générer des recettes au profit des pouvoirs publics au titre de l'octroi de licences.

- *Mise en œuvre de processus de régulation transparents :*

Elle permet d'améliorer le rendement des processus d'octroi des licences et la crédibilité des pouvoirs publics ; d'accroître les recettes des pouvoirs publics au titre de l'octroi de licences pour les nouveaux services.

- *Interconnexion obligatoire et dégroupage du* RTPC :

Elle a pour but de supprimer les barrières qui font obstacle à la concurrence et d'encourager la concurrence dans les services de pointe (par exemple, Internet à large bande).

- *Réglementation des prix plafonds :*

Elle vise à inciter davantage les firmes dominantes à fournir des prestations de services efficaces ; à mettre en œuvre une méthode plus simple que la réglementation du rendement des investissements, pour prévenir l'application de tarifs excessifs et également les retards dans la réglementation et les ajustements tarifaires dans les délais voulus.

- Fonds pour l'accès universel ciblé :

Elle a pour but d'accroître l'efficacité des politiques visant à l'universalité ; de remplacer les systèmes de subventions croisées, moins transparents et susceptibles d'avoir des effets anti-concurrence.

- Élimination des barrières faisant obstacle au commerce international dans les télécommunications :

Elle permet d'accroître l'investissement dans le secteur des télécommunications, d'améliorer la concurrence dans les marchés des télécommunications et d'améliorer les communications à l'échelle mondiale.

Section 3 : Organismes de régulation

1. Le rôle des autorités gouvernementales au niveau national

Dans nombre des pays de par le monde, un seul ministère ou une autre administration gouvernementale, cumulait les rôles d'instance décisionnaire pour les télécommunications et de propriétaire et exploitant du réseau national de télécommunication.

La privatisation et la libéralisation des marchés ont conduit à une réorganisation des institutions gouvernementales du secteur des télécommunications. La structure institutionnelle courante dans les économies de marché des pays industrialisés se présente ainsi :

- Fonction d'élaboration de la politique générale : organe responsable (ministère ou instance exécutive)
- Fonction de règlementation : organe responsable (autorité de la régulation séparée)

- Fonction d'exploitation des réseaux/prestation de services : organe (PPO, exploitation privée ou commerciale)

Cinq grands problèmes se posent à l'autorité nationale de régulation :

- Indépendance du régulateur

Le point le plus important est la séparation entre le régulateur et le ou les opérateurs de télécommunication présents sur le marché. Aux yeux de nombreux experts des télécommunications, une condition tout aussi importante est *l'indépendance* du régulateur à l'égard du gouvernement. Dans la pratique, le degré de cette indépendance varie considérablement d'un pays à un autre. Il dépend des structures juridiques, politiques et institutionnelles de chaque pays. Cette indépendance est le garant de la neutralité et d'une certaine immunité à l'égard des pressions, notamment lorsque l'État conserve la propriété de l'opérateur public de télécommunication (PTO : *Public telecommunication operator*)

- Financement du processus de régulation

Il est essentiel que le processus de régulation bénéficie d'un financement adéquat pour permettre de recruter un personnel professionnel et des consultants hautement qualifiés, capables de réaliser les objectifs de la réglementation, à savoir : ouverture des marchés concurrentiels et traitement de tous les acteurs sur un pied d'égalité. Traditionnellement, les fonctions de régulation étaient financées par des crédits dégagés par le budget national ou des crédits budgétaires dans le cas d'un grand nombre de régulateurs séparés. Cependant, les redevances de licence et les redevances pour utilisation de spectre payées par les opérateurs sont utilisées de plus en plus pour financer la fonction de régulation. Il s'agit de répartir les coûts afférents aux fonctions de régulation entre tous les opérateurs de télécommunication titulaires de licences, au prorata de leurs recettes brutes. Les redevances de licences sont un moyen de récupérer les coûts des services publics par application du principe de « *paiement par l'utilisateur* ».

- *Régulateurs individuels et commissions collégiales*

C'est à la du XIXe siècle qu'on a vu apparaître les premiers régulateurs des télécommunications, aux États-Unis d'Amérique et au Canada. Il s'agissait des comités ou de commissions à structure quasi-judiciaire. Ces organismes étaient dirigés par un président, mais ils étaient de nature essentiellement collégiale. En règle générale, les décisions étaient prises par consensus ou, en cas de différends, par vote à la majorité. La règlementation devenant de plus en plus complexe, ces autorités de régulation se délestèrent de certains de leurs attributs judiciaires et recrutèrent un nombre toujours plus grand de personnels techniques, professionnels et administratifs.

Lorsque de nouveaux régulateurs des télécommunications furent mis en place, dans le monde entier, dans les années 1990, un grand nombre d'entre eux furent placés sous l'autorité d'un directeur général ou d'un autre responsable (exemple OFTEL, le régulateur du Royaume-Uni, créé en 1984, au moment de la privatisation de *British Telecommunications*.

Vers les années 1990, on a assisté au regain d'intérêt pour la formule de la commission. Toutefois, la formule hiérarchique et la formule collégiale ont, l'une et l'autre, leurs avantages et leurs inconvénients. Aucune de deux ne peut être considérée comme supérieure à l'autre dans tous les cas de figure

- *Régulateurs multisectoriels*

En règle générale, les autorités de régulation des télécommunications exercent des fonctions qui sont spécifiques à un secteur. Dans la plupart de cas, elles sont chargées de la régulation des seuls marchés des télécommunications.

Une formule différente est celle de la création d'un régulateur multisectoriel. Il s'agit d'une agence exerçant généralement les fonctions de régulation pour les télécommunications et pour d'autres secteurs industriels qui ont un caractère économique et juridique similaire (production et distribution de l'énergie électrique, transport et distribution de l'eau). Les régulateurs multisectoriels, souvent appelés commissions de services publics, existent depuis bien longtemps au Canada et aux États-Unis d'Amérique.

- *Organisation du personnel de l'autorité de régulation*

On peut procéder de nombreuses manières pour organiser l'effectif des décideurs, des gestionnaires, des autres personnels et conseillers d'une autorité de régulation. Aucune approche n'est idéale. Beaucoup d'organisations dépendent de la structure institutionnelle et de la culture d'entreprise dans le pays considéré. La structure du régulateur aura aussi son influence.

Néanmoins la prise de décisions en matière de régulation exige des compétences pluridisciplinaires. Compte tenu des changements rapides dans les télécommunications, l'autorité de régulation doit être souple et adaptable à ces changements. L'approche des « groupes d'études » ou groupes de travail est privilégiée pour la formation permanente des équipes des fonctions ayant des fonctions consultatives pour les décisions de régulation importantes. Il convient d'envisager la sous-traitance de certaines fonctions de régulation, plutôt que d'ériger de grandes structures de personnels permanents.

2. Les organisations internationales

A. L'Union Internationale des Télécommunications (UIT)

L'UIT a été fondée à Paris en 1865, sous le nom d'Union télégraphique internationale. Rebaptisée Union internationale des télécommunications en 1934, elle est devenue une institution spécialisée de l'Organisation des Nations Unies en 1947. Elle regroupe des membres du secteur public et du secteur privé compétents pour les questions de télécommunication. Sa mission concerne les domaines suivants (constitution de l'UIT, de 1992, article 1) :

- *Domaine technique* : favoriser le développement et l'exploitation efficace des moyens de télécommunication, en vue d'augmenter le rendement des services de télécommunications et s'efforcer d'étendre les avantages des nouvelles technologies de télécommunication à tous habitants de la planète ;

- *Domaine de développement* : promouvoir et offrir l'assistance technique aux pays en développement dans le domaine des télécommunications ; promouvoir la mobilisation des ressources humaines et financières nécessaires au développement des télécommunications et s'efforcer d'étendre les avantages des nouvelles technologies de télécommunication à tous les habitants de la planète ;

- *Domaine de politique générale* : promouvoir, au niveau international, l'adoption d'une approche plus générale des questions de télécommunication dans l'économie et la société mondiales de l'information.

Quant à la structure de l'UIT, elle comprend :

- *Une conférence de plénipotentiaires* : organe suprême de l'Union, qui se réunit tous les quatre ans pour adopter un plan stratégique et les principes généraux de l'organisation, modifier la constitution s'il y a lieu, adopter un plan financier (article 8).

- *Le conseil* : composé de 46 États membres (25 % des États membres), il agit au nom de la conférence de plénipotentiaires. Il se réunit chaque année pour étudier les grandes questions de politique générale de télécommunications. Il coordonne les travaux de l'Union et approuve les budgets (article 10)

- *Les conférences mondiales* : sont convoquées périodiquement pour examiner et réviser le Règlement des télécommunications internationales. Ce Règlement constitue un traité international régissant la prestation et l'exploitation des services publics de télécommunication, ainsi que les mécanismes de transport y afférents qui sont utilisés pour la fourniture des services. Il sert de guide aux administrations et opérateurs des télécommunications pour fournir des services de télécommunication internationaux.

- *Les secteurs des radiocommunications* (UIT-R) : est chargé d'établir les caractéristiques techniques et les procédures d'exploitation des services de communications hertziennes. Il remplit également le rôle dans la gestion du spectre des fréquences radioélectriques. Dans son rôle de coordonnateur mondial pour l'utilisation du spectre, le Secteur des radiocommunications élabore le Règlement des radiocommunications, en tant qu'ensemble de règles internationales obligatoires régissant l'utilisation du spectre par quelque 40 services de radiocommunication différents dans le monde entier. Instance centrale d'enregistrement pour l'utilisation des fréquences à l'échelle mondiale, il tient à jour le fichier de référence international des fréquences en y faisant des inscriptions.

- *Secteur de la normalisation des télécommunications* (UIT-T) : coordonne les activités de normalisation des télécommunications internationales, dont l'aboutissement est l'élaboration de Recommandations des séries UIT-T.

- *Le secteur du développement des télécommunications* (UIT-D) : exerce les responsabilités de l'UIT en tant qu'institution spécialisée des Nations Unies et agent d'exécution pour la mise en œuvre de projets dans le cadre du système de développement des Nations Unies ou d'autres arrangements de financement.

Le secrétariat général est chargé des aspects administratifs et financiers des activités de l'UIT, de l'organisation des expositions et forums TELECOM à l'échelle régionale et mondiale.

B. Les autres organisations internationales

De nombreuses organisations internationales s'occupent de la régulation des télécommunications et interviennent dans les réformes qui en découlent. Cette régulation est un volet important du mandat de ces organisations. Pour certaines, cette activité est secondaire, par exemple l'Organisation Mondiale du Commerce, qui s'est occupée de la régulation des télécommunications comme moyen de réaliser son objectif central qui est celui de faciliter le commerce international. Pour d'autres, leur rôle est de fournir une assistance technique, financer les services de consultants, des études, des ateliers et autres activités destinées à accroître le savoir-faire en matière de régulation, d'échange d'information.

À titre d'illustration, il y a lieu de citer l'Association des organismes de régulation des télécommunications d'Afrique australe (TRSA) ; l'Association ouest-africaine des organisations de télécommunication (WATRA) ; Banque africaine de développement (BAD) ; Banque européenne pour la reconstruction et le développement (BERD) ; Banque interaméricaine de développement (BID) ; Bureau européen des télécommunications (ETO) ; Commission européenne DGIS ; Commission interaméricaine des télécommunications (CITEL) ;Conférence européenne des postes et des télécommunications (CEPT) ; Conseil de coopération du Golfe (GCC) ; Conseil des télécommunications du Pacifique (PTC) ; Forum des autorités de régulation latino-américaines (RECULATEL) ; Le groupe Banque mondiale ; l'Organisation mondiale du commerce (OMC), etc.

CHAPITRE 7

Octroi de licence pour les services de télécommunication

Section 1 : Considérations générales

1. Licences de télécommunication

Une licence de télécommunication autorise une entité à fournir des services de télécommunications ou à exploiter des installations de télécommunication. De plus, les licences définissent en règle générale les modalités et les conditions de cette autorisation et décrivent les principaux droits et obligations d'un opérateur de télécommunication.

Les licences qui seront décernées aux nouveaux venus sur les marchés de télécommunication le sont souvent à l'issue d'un processus d'octroi de licences avec mise en concurrence, qui suppose le choix d'un ou plusieurs opérateurs parmi un groupe de candidats. Dans d'autres cas, des autorisations générales sont accordées. En vertu de celles-ci, toute entité qui satisfait aux modalités et conditions fondamentales de l'autorisation peut fournir un service de télécommunication sans être obligée de disposer d'une licence individuelle.

L'octroi de licences est un phénomène récent dans de nombreux marchés des télécommunications. Traditionnellement, les opérateurs historiques aux mains de l'État assuraient des services de télécommunication en régime de monopole sur la plupart des marchés.

Dans bien de cas, les licences destinées aux opérateurs historiques ont été conçues dans le cadre de leur processus de privatisation. En spécifiant les droits et obligations de ces opérateurs, les investisseurs étaient informés avec un certain degré de certitude des affaires pour lesquelles ils étaient appelés à investir. La licence permet à toutes les parties prenantes, qu'il s'agisse des consommateurs, des concurrents et des pouvoirs publics, de bien comprendre ce qu'est l'opérateur et ce qu'il ne peut ou ne doit pas faire.

S'il est vrai que les termes de licence, concession et de franchise peuvent être définis différemment dans la législation de tel ou tel pays, ils renvoient généralement au même principe de base. Dans le contexte de la règlementation des télécommunications, ils désignent tous un document juridique octroyé ou approuvé par un régulateur ou une autre instance gouvernementale qui définit les droits et les obligations d'un fournisseur de services de télécommunication.

2. Objectifs d'octroi de licences

Les pouvoirs publics et les organismes de régulation poursuivent en principe plusieurs objectifs différents lorsqu'ils octroient des licences aux opérateurs de télécommunication. Ces objectifs communs sont :

- *Régulation de la fourniture d'un service public essentiel :*

Les télécommunications de base sont considérées comme étant un service public essentiel dans la plupart des pays. Bien que l'on ait observé une tendance générale et irréversible vers la privatisation et le recours au libre jeu des mécanismes du marché, la plupart d'États continuent d'imposer certaines mesures de contrôle pour s'assurer que les services de télécommunication de base sont fournis dans l'intérêt du public.

- Régulation de la fourniture d'un service public essentiel :

Des obligations de mise en œuvre du réseau et de couverture du service sont souvent consignées dans les licences. Cela est particulièrement vrai lorsqu'un opérateur historique aux mains de l'État (PTT) est privatisé ou lorsqu'un certain degré d'exclusivité est accordé. Les licences sont un moyen important d'accroitre les investissements dans l'infrastructure et de promouvoir les objectifs de service et d'accès universels dans les pays en développement.

- Privatisation ou commercialisation :

Une licence est nécessaire en cas de privatisation d'un opérateur historique aux mains de l'État. La licence qui spécifie les droits et les obligations de l'opérateur est un document clé du processus de privatisation. Il a pour objet d'indiquer ce que l'investisseur achète et ce que les pouvoirs publics attendent de l'opérateur et de l'investisseur.

- La régulation de la structure du marché :

La régulation vise pour une large part à définir la structure de marché du secteur des télécommunications et, en particulier, le nombre d'opérateurs titulaires d'une licence pour la fourniture des services de télécommunication. Dans nombre de pays, le but de l'octroi de licence est d'intensifier la concurrence. De ce fait, la concurrence est devenue le principal mode d'approvisionnement dans certains marchés de télécommunication (par exemple les systèmes cellulaires) alors que ce mode n'est pas encore le cas dans d'autres marchés dont celui des services de base.

- Mise en place d'un cadre concurrentiel :

Parmi les conditions énoncées dans les licences, il est fréquent de trouver l'obligation « *d'offrir des chances égales* » à tous les concurrents et d'éviter que les opérateurs historiques n'abusent de leur position dominante sur les marchés des télécommunications. Dans le cadre des licences, ces conditions sont en général désignées par les termes de « *sauvegardes anti-concurrences* » ou « *conditions commerciales loyales* ».

- *Attribution des ressources rares :*

Les ressources limitées qui entrent dans le fonctionnement d'un service de télécommunication (le spectre radioélectrique, les numéros, les servitudes) devraient être réparties entre les opérateurs de manière équitable et efficace et dans l'intérêt du public. Cette répartition appelle souvent un dosage savant des intérêts et des priorités en jeu. Ainsi, le spectre peut être vendu aux enchères au soumissionnaire le plus offrant ou être attribué à un coût modique de façon à faire baisser les prix ou à encourager la mise en œuvre de nouveaux services. L'accès aux servitudes (obligations ou contraintes de ne pas bâtir à tel hauteur ou sur tel site) peut être une source de recette pour l'État mais des restrictions, notamment d'ordre économique, imposées à l'accès peuvent différer la mise en œuvre des services et entrainer des prix à la consommation plus élevés.

- *Recettes procurées aux pouvoirs publics :*

L'octroi de licence à des opérateurs de télécommunication ainsi que de licences en matière de spectre (distribution des fréquences) peut procurer des recettes importantes aux pouvoirs publics. De plus, les droits de licence perçus chaque année constituent une source régulière de recettes pour financer les activités de l'organisme de régulation ou des opérations.

- *Protection du consommateur :*

Dans les licences de télécommunication, il est souvent question des conditions liées à la protection du consommateur qui peuvent concerner les sujets suivants : contrôle de prix, méthode de facturation, mécanismes de réclamation des consommateurs, règlement des différends, restrictions de la responsabilité pour cause de défaillance du service et service obligatoires fournis aux consommateurs (service d'annuaire, d'assistance de l'opérateur et d'urgence) ;

- *Sécurité réglementaire :*

La licence, du fait qu'elle définit clairement les droits et les obligations de l'opérateur de régulation peuvent susciter une plus grande confiance dans le régime réglementaire. Cette sécurité réglementaire est un élément critique du processus d'octroi de licences qui vise à attirer de nouveaux investisseurs et de nouveaux opérateurs surtout dans les pays à risque comme les pays en développement.

3. Licences et autres instruments de régulation

Dans la plupart des pays, les licences ne constituent qu'un seul élément parmi d'autres du cadre réglementaire. D'autres règles applicables aux opérateurs sont consignées dans les lois sur les télécommunications, la politique du secteur, les règlements, les décrets, les ordonnances, les décisions, les orientations et autres documents d'application générale.

Habituellement, les exigences de la législation locale et le niveau de développement du cadre réglementaire local, permettent, s'il y a lieu, d'énoncer les droits et les obligations d'un opérateur dans une licence ou de recourir à un autre moyen. Étant donné que la concurrence s'intensifie dans les marchés de télécommunication, il devrait être possible de décrire moins en détail le cadre réglementaire qui figure dans les licences ou dans d'autres documents réglementaires. La Directive de l'Union européenne sur les licences datée de 1997 et dans les propositions de juillet 2000, il est préconisé l'adoption des conditions minimales pour les licences et l'élimination à terme de l'exigence d'octroyer des licences.

4. Les règles régissant les échanges commerciaux multilatéraux

L'Accord général sur le commerce des services (AGCS) et l'Accord de l'Organisation mondiale du Commerce de 1997 sur les télécommunications de base (ATB) comportent des règles commerciales applicables à la régulation des télécommunications et à l'octroi de licences pour les services de télécommunication. Les signataires de l'Accord ATB ainsi que les pays qui souhaitent adhérer à l'Organisation mondiale du Commerce doivent faire en sorte que leurs pratiques réglementaires soient conformes aux règles commerciales de l'Organisation mondiale du Commerce. Toutes ces règles ont pour objet l'évolution vers l'instauration de marchés concurrentiels ouverts et l'établissement de processus transparents d'octroi de licences.

- *Exigences générales de l'Accord général sur le commerce des services :*

Tous les États de l'Organisation mondiale du Commerce sont liés par les obligations et disciplines générales de l'Accord général sur le commerce des services. Trois d'entre elles se rapportent directement à l'octroi de licences. Il s'agit de *Traitement de la clause de la nation privilégiée* (article II, AGCS), car un régime de licence doit permettre aux opérateurs d'un pays membre de l'Organisation mondiale du Commerce d'accéder au marché à des conditions « non moins favorables » que celles qui s'appliquent aux opérateurs de « tout autre pays ».

La Transparence (article III, ACCS) dans la mesure où toutes les lois et règles régissant le commerce des services doivent être publiées notamment sur toutes les prescriptions en matière de notification, d'enregistrement ou d'octroi de licences, le cas échéant, ainsi que sur toute autre modalité de reconnaissance et d'approbation (exemple, homologation des équipements terminaux) nécessaires, avant que les fournisseurs de services étrangers puissent commencer légalement dans un pays membre ;

Obstacles au commerce (article IV, AGCS) et les prescriptions en matière de licences ne doivent pas « *constituer des obstacles non nécessaires au commerce* ».

Quant aux engagements spécifiques de l'Accord ATB, ils concernent certains services de télécommunication de base. À ce titre, ils rejoignent les engagements nationaux conclus dans le cadre de l'Accord de l'Organisation mondiale du Commerce sur les télécommunications de base. Ces derniers obligent les pays signataires à assurer un plus large accès au marché des télécommunications, sur le long terme. Cela veut dire que lorsqu'une licence sera nécessaire, le public aura accès aux informations suivantes :

- tous les critères en matière de licences et le délai sont normalement requis pour qu'une décision soit prise au sujet d'une demande de licence ;

- les modalités et les conditions des licences individuelles doivent être précisées ;

- les raisons de refus d'une licence doivent être communiquées au requérant sur demande.

Concernant la répartition et l'utilisation des ressources limitées, toutes les procédures concernant l'attribution et l'utilisation des ressources limitées, y compris les fréquences, les numéros et les servitudes, seront mises en œuvre de manière objective, opportune, transparente et non discriminatoire. Les renseignements sur la situation courante des bandes de fréquences attribuées seront mis à disposition du public, mais il n'est pas obligatoire d'indiquer de manière détaillée les fréquences attribuées pour des utilisations spécifiques relevant de l'État.

Sur le plan régional, les lignes directrices de l'Union européenne sur l'octroi de licences précisent les objectifs suivants en vue de développer la concurrence dans les marchés de télécommunication :

- éliminer tous les obstacles à l'entrée sur le marché, à l'exception des restrictions fondées sur des critères de sélection objectifs, non discriminatoires, proportionnés et transparents, liés à la disponibilité de ressources rares telles que les numéros, le spectre et les servitudes ;

- simplifier et harmoniser les processus d'octroi de licences dans l'ensemble de l'Union européenne ;

- établir des conditions de licence transparentes et qui constituent « *la réglementation la moins contraignante possible, de nature à permettre le respect des exigences applicables* ».

Section 2 : Types de régimes de licence

D'une manière générale, trois types d'autorisations s'appliquent aux opérateurs et services de télécommunication :

1. Licences individuelles octroyées aux opérateurs

Principales caractéristiques :

- en règle générale, il faut un document de licence personnalisé et détaillé ;

- ce type de licence est souvent accordé dans le cadre d'un processus de sélection par voie de concours et est utile dans les cas suivants : la licence à octroyer se réfère à une ressource limitée ou à un droit (par exemple, le spectre) ; l'organisme de régulation souhaite tout particulièrement que le service soit assuré d'une manière précise (par exemple lorsque l'opérateur est puissant sur le marché).

Elles concernent les services de base du RTPC dans un marché monopolistique ; services hertziens mobiles et fixes ; tout service nécessitant des fréquences.

2. Les autorisations générales (licences catégorie)

Utiles lorsque les licences individuelles ne sont pas justifiées, mais lorsque d'importants objectifs réglementaires peuvent être atteints grâce à l'établissement de conditions générales ; elles renferment généralement des dispositions relatives à la protection du consommateur et d'autres exigences essentielles et sont généralement octroyées sans faire l'objet d'une sélection par voie de concours et toutes les entités remplissant les conditions requises, sont autorisées à fournir des services ou à exploiter des installations. Elles concernent les services de transmission de données, des services de revenu et des réseaux privés.

3. Aucune exigence de licence, c'est-à-dire entrée sans restriction sur le marché.

Aucune licence ou condition à remplir n'est demandée, à son utilité lorsque l'activité considérée relève techniquement de la définition d'activités soumises à la réglementation (par exemple offre d'un service de télécommunication au public), mais lorsqu'il n'existe aucune justification d'imposer une licence ; des conditions générales (par exemple, enregistrement auprès de l'organisme de régulation) peuvent être imposées par le biais d'une réglementation ou d'une ordonnance générale. Les services entièrement libéralisés touchent les fournisseurs de services Internet (ISP) et les services à valeur ajoutée.

Section 3 : Processus d'octroi de licences

On distingue cinq types courants de licences qui sont examinés ci-après :

1. Licences accordées aux opérateurs historiques

L'octroi d'une licence aux opérateurs historiques est une étape majeure de la privatisation et de la libéralisation dans bon nombre de pays. Cette étape n'entraine généralement pas une sélection par voie de concours ou d'autres procédures publiques officielles et l'octroi de licences à l'opérateur historique est souvent autorisé. Dans la licence ainsi octroyée, les droits et obligations existants ou nouveaux de l'opérateur sont définis en détail.

Dans la pratique, l'octroi de licences aux opérateurs historiques fait souvent intervenir des négociations entre l'opérateur public de télécommunications (PTO) et l'organisme de régulation.

En général, la licence accordée aux PTO ne se fait pas par voie de concours, procédé qui peut être utilisé pour sélectionner les nouveaux arrivants comme les nouveaux opérateurs de mobiles. Tel a été le cas pour les licences accordées aux systèmes mobiles cellulaires, tant dans les pays développés que dans les pays en développement.

2. Licences accordées aux nouveaux venus

L'octroi de licences individuelles à de nouveaux opérateurs suppose l'application d'un processus de sélection. Lorsqu'aucun opérateur existant ne détient de licence, il est préférable de recourir à un processus d'octroi de licences concurrentiel et transparent, conformément aux pratiques.

3. Autorisations générales

L'octroi d'autorisations générales (licences par catégorie) suppose que les critères d'admissibilité et les conditions relatives à la licence aient été définis, et cela, en toute logique, après une consultation publique préalable. La transparence du processus d'octroi de licences s'en trouve améliorée et on a la certitude que tous les renseignements pertinents sont pris en considération. Aucun processus de sélection n'est exigé pour les autorisations générales, car la licence sera octroyée à tous les opérateurs ou fournisseurs de services qui remplissent les conditions requises. La solution consiste à indiquer que les licences individuelles ne permettent pas d'offrir un service qui pourra l'être dans le cadre d'une autorisation générale. De cette manière, les organismes de régulation peuvent avoir la certitude que tous les fournisseurs du même service sont soumis aux mêmes conditions de licence.

4. Licences en matière de spectre

Les licences en matière de spectre sont nécessaires pour offrir un service et revêtent souvent la forme d'une licence individuelle. Il faut, par exemple, autoriser les opérateurs de télécommunications cellulaires à utiliser le spectre requis, mais aussi les autoriser à expliquer les réseaux cellulaires.

Pour ce faire, il est utile de joindre à des demandes de licences, un projet de licence en matière de spectre ainsi qu'un projet de licence pour opérateur.

5. Ventes aux enchères

En dépit des progrès réalisés en matière des technologies des télécommunications, un nombre croissant de services et d'applications de télécommunication sont tributaires de spectre. Si bien que la demande de bandes de fréquences dépasse souvent leur disponibilité. Il faut donc élaborer des mesures et des méthodes d'attribution des bandes de fréquences qui, malgré certaines différences, présentent néanmoins des similitudes avec d'autres processus d'octroi de licences.

Il est énoncé, au paragraphe 6 du Document de référence de l'Organisation mondiale du Commerce sur les télécommunications de base que toutes les procédures concernant l'attribution et l'utilisation des ressources limitées, y compris les fréquences, seront mises en œuvre de manière objective, opportune, transparence et non discriminatoire.

Il existe différents types de ventes aux enchères du spectre, dont les plus courants sont :

- les enchères à une ronde ou enchères simples (ouvertes ou fermées) ;

- les enchères à rondes multiples (successives ou simultanées). Élaborée initialement aux États-Unis d'Amérique, la vente aux enchères simultanée à rondes multiples est devenue la méthode la plus répandue. Bien qu'il en existe des variantes d'un pays à l'autre, cette méthode se caractérise généralement par la vente aux enchères simultanée de différentes licences de spectre.

6. Loteries

Les loteries constituent une méthode rapide, peu onéreuse et transparente que l'on peut utiliser pour choisir entre des candidats aux qualifications très semblables ou équivalentes. Ces loteries devraient généralement être précédées d'une qualification officielle afin de sélectionner les candidats à la loterie, faute de quoi le recours à une telle méthode pourrait freiner le développement du secteur. Aux États-Unis d'Amérique par exemple, il s'est avéré que des gagnants d'autres loteries n'avaient pas les moyens financiers de mettre en route un service.

7. Processus d'évaluation comparative

Dans le cadre de cette méthode, l'organisme de régulation décide de l'entité à qui telle ou telle bande de fréquences doit être attribuée. Cette méthode permet de choisir entre de multiples applications qui sont, pour l'essentiel, équivalentes.

Les exigences minimales de qualification sont en général les suivantes : justification de ressources financières, capacité technique et faisabilité commerciale de la demande de fréquences visée. Parmi les critères de sélection il y a lieu de citer les tarifs proposés, la couverture géographique et d'autres utilisateurs, les objectifs de mise en œuvre du réseau, les engagements sur le plan de la qualité et de la gamme de service et enfin, l'utilisation efficace des fréquences.

Section 4 : Pratiques suivies en matière d'octroi de licences

1. Transparence

La transparence au niveau de la procédure est l'un des critères fondamentaux d'un processus réussi d'octroi de licences. Son importance est justifiée par le fait que ce critère a été inclus dans le Document de référence de l'Organisation Mondiale du Commerce sur les télécommunications de base.

Les principales caractéristiques de ce processus sont : la publication anticipée d'un appel aux candidatures avec énoncé des règles applicables (soumission), des critères de qualification et de sélection ; la séparation des processus de qualification et de sélection ; le renvoi des offres financières non ouvertes aux candidats qui n'ont pas rempli les critères de qualification indiqués et l'ouverture en public des offres financières scellées des candidats qualifiés.

2. Consultation publique

Il est conseillé d'engager une consultation publique avant et pendant le processus d'octroi de licences. Avant que le processus proposé ne commence, il est souvent utile que l'organisme de régulation demande au public de faire des commentaires sur la méthode qui sera choisie. La consultation des intéressés renforce l'idée selon laquelle le processus est transparent. La consultation peut être réalisée en bonne et due forme ou non.

3. Droits de licence

Dans le secteur des télécommunications, le terme de droit de licence sert à décrire plusieurs choses, c'est-à-dire un ou plusieurs aspects suivants :

- un droit versé comme prime ou « rente » à un gouvernement ou à un organisme de délivrance des licences pour le droit d'exploiter un réseau, de fournir un service ou d'utiliser une ressource limitée comme le spectre radio-électronique ou les numéros ;

- des redevances administratives visant à dédommager l'organisme de régulation des coûts qu'il a engagés pour gérer et superviser l'utilisation du spectre radio-électronique

- pour résoudre les différends en matière d'interconnexion, pour élaborer et superviser d'autres aspects du cadre réglementaire, etc.

4. Équilibre entre sécurité et souplesse

Les licences en matière de télécommunications devraient concilier la sécurité réglementaire et la souplesse nécessaire pour faire face à l'évolution future dans les domaines de la technologie, de l'organisation du marché et de la politique des pouvoirs publics.

Cette souplesse peut être assurée par différents moyens, à savoir :

- permettre à l'organisme de régulation de modifier unilatéralement les licences ;

- établir des modalités abrégées pour les licences ;

- apporter des amendements à la licence, avec le consentement mutuel du titulaire de la licence et de l'organisme de régulation ;

- permettre au seul organisme de régulation d'apporter des amendements unilatéraux aux conditions spécifiques de la licence qui devraient faire partie du régime réglementaire général du pays, pour autant que ces amendements soient mis en œuvre dans les conditions équitables sur le plan de la procédure et d'une manière neutre au niveau de la concurrence.

5. Octroi de licence et passation de marchés

L'octroi de licences à un opérateur de télécommunication doit être distingué de la procédure de passation des marchés par les pouvoirs publics. En effet, la confusion qui a pu exister à cet égard, dans bon nombre de pays, peut parfois avoir des conséquences négatives pour l'octroi des licences.

Un organisme de régulation qui attribue une licence à un opérateur de télécommunication ne cherche pas à acquérir des biens ou des services avec des fonds publics. L'octroi de licences consiste, pour l'essentiel, à offrir un créneau commercial à des investisseurs qualifiés qui acceptent de se conformer aux conditions de la licence. L'organisme de régulation doit être conçu davantage comme un vendeur que comme un acheteur.

Cette observation permet de formuler deux recommandations :

- l'organisme de régulation doit offrir aux candidats à la licence un créneau susceptible d'être financièrement intéressant pour les opérateurs de télécommunication expérimentés et compétents. Si certaines licences se vendent sans problème, d'autres, en particulier sur les marchés des pays émergents et en phase de transition, doivent être structurées et commercialisées avec soin pour attirer des candidats qualifiés ;

- les procédures de passation des marchés par les pouvoirs publics ne se prêtent normalement pas à l'octroi d'une licence pour des services des télécommunications. Nombreux sont les pays qui disposent des services bureaucratiques centralisés pour la passation des marchés. L'enjeu de ces procédures est la lutte contre la corruption.

6. Concession, montage BOT et autres

On peut définir la licence comme étant l'octroi, par les pouvoirs publics, d'un droit d'exploiter un service, sous réserve des modalités et des conditions spécifiées dans la licence ou dans d'autres instruments réglementaires. Par conséquent, l'octroi et la mise en application d'une licence dépendent toujours, dans une certaine mesure, du droit public ou du droit administratif.

Avant de décrire ces montages, il convient de définir le terme « concession ». Dans la plupart des pays, ce terme sert à désigner un document qui scelle un accord commercial entre un gouvernement et le constructeur, propriétaire ou opérateur privé d'un élément de l'infrastructure publique (comme une route à péage, une centrale énergétique ou un réseau de télécommunication) ou une entreprise implantée sur le domaine public. En cas d'infraction aux conditions de la concession, des recours contractuels sont disponibles (par exemple des dédommagements financiers), auprès des tribunaux civils ou des instances d'arbitrage. Les pouvoirs publics peuvent affiner les modalités de la concession de façon à fournir la protection et les incitations nécessaires pour attirer les investisseurs et garantir la prestation du titulaire de la concession.

Certaines licences possèdent à la fois des caractéristiques réglementaires et des caractéristiques relevant de la concession. Il est important de distinguer ces deux aspects. En termes de financement d'un projet, un tel accord serait qualifié *d'accord bénéficiant de l'appui du gouvernement.*

Nombreuses sont les variations possibles sur le thème des « entreprises entre investisseurs du secteur privé, d'une part et les pouvoirs publics ou les PTT, d'autre part. À cet égard, il y a lieu de mentionner les montages construction-exploitation-transfert (BOT) ; construction-transfert-exploitation (BOT), construction-propriété-exploitation

(BOO) et un ensemble infini de sigles dont la seule limite est l'imagination des juristes et des banquiers participant aux financements des projets.

7. Zones de service

La définition des zones de service géographiques devant être couvertes par une nouvelle licence suscite des problèmes uniques en leur genre. Les méthodes qui ont été adoptées varient selon les pays. Les licences nationales sont octroyées dans certains cas, alors que dans d'autres, une distinction est établie entre les régions ou entre les zones rurales et les zones urbaines. Il arrive parfois que des licences nationales soient offertes parallèlement à des licences régionales concurrentielles pour le même service.

S'il est vrai qu'il n'existe pas une seule bonne méthode pour désigner les zones de service, certaines auront plus de chance de réussir que d'autres. Ainsi, la méthode utilisée dans un certain nombre de pays, qui consiste à garder les marchés urbains rentables pour les PTT publics et à inviter les opérateurs du secteur privé à ne pas desservir que les zones rurales moins rentables sur le plan financier, n'a guère été satisfaisante.

Pour choisir les zones de service devant être couvertes par une licence, il y a lieu de tenir compte des points suivants : la viabilité financière doit être déterminante ; l'expérience montre que les titulaires de licences à l'échelle régionale fusionnent souvent avec d'autres titulaires régionaux pour desservir des régions plus importantes ou pour former des opérateurs nationaux. ; Le fait d'octroyer des licences à des opérateurs qui desserviront de plus grandes zones permettra à ces derniers d'arriver à un équilibre entre les zones plus rentables et les autres zones qui le sont moins. On peut recourir à cette méthode pour étendre le service à des zones moins rentables.

8. Critères de qualification

Il est important d'établir une distinction entre les critères de qualification d'un candidat à un processus d'octroi de licences et les critères de sélection du titulaire de la licence qui sera retenu parmi les candidats qualifiés.

Dans le cas d'une autorisation générale, seuls les critères de qualification sont applicables car il n'y a pas de sélection à opérer, alors que pour une licence individuelle on élabore en général des critères de qualification et des critères de sélection.

Les critères de qualification sont les exigences minimales à remplir pour avoir le droit de participer au processus de sélection. En règle générale, ces critères ont pour seul objet d'assurer que les candidats possèdent les moyens financiers et techniques ainsi que l'expérience nécessaire pour exploiter avec succès le service faisant l'objet d'une licence.

L'importance qu'il y a de fixer des critères de qualification clairs et rigoureux dépend du niveau de concurrence pour le service en question.

9. Critère de sélection

Il existe deux types fondamentaux de méthodes de sélection :

- Sélection ouverte qui s'appuie sur un critère quantitatif unique, avec notamment comme exemples une vente aux enchères ou le plus offrant est celui qui emporte la vente ; un *concours pour un service rural subventionné*, où le gagnant est l'opérateur qui propose la subvention la plus faible.

- L'évaluation comparative qui repose sur une évaluation plus significative d'un ou de plusieurs critères quantitatifs/qualitatifs.

Le choix des critères de sélection appelle plusieurs observations :

- les candidats qualifiés sont incités à consacrer de ressources financières et autres aux aspects de leurs demandes qui formeront la base de la décision en vue de leur sélection ;

- la transparence est améliorée grâce à l'application de critères quantitatifs simples de sélection.

10. Contenu des licences

Le contenu des documents de la licence varie sensiblement selon le pays, le service et l'opérateur considéré. Le niveau de développement du régime réglementaire d'un pays donné joue un rôle essentiel à cet égard. Les licences doivent être beaucoup plus détaillées afin de fournir un cadre réglementaire complet à l'opérateur ou au service qui bénéficiera de la licence. La sécurité est le maître mot d'un bon processus d'octroi de licences.

Chapitre 8

Interconnexion

Section 1 : Considérations générales

1. L'importance de l'interconnexion

L'interconnexion des réseaux de télécommunication constitue un enjeu mondial depuis que les clients du monde entier ont commencé à interconnecter un éventail croissant d'équipements terminaux et d'installations du réseau privé aux infrastructures de l'opérateur historique, à partir des années 1970.

La concurrence est à l'origine de la croissance et des innovations qui caractérisent les marchés des télécommunications aujourd'hui. L'interconnexion est un facteur essentiel à la viabilité de la concurrence. Or, l'apparition de la concurrence a modifié les règles du jeu et constitue un enjeu majeur du point de vue du consommateur.

En effet, sans accords d'interconnexions efficaces, des services tels que la numérotation internationale directe, tous les services fournis via Internet, les guichets automatiques bancaires et le commerce électronique n'existeraient pas.

2. La portée des questions d'interconnexion

La définition de l'interconnexion varie selon les régimes réglementaires et politiques appliqués dans ce domaine. Pour une définition usuelle, on se reportera à la proposition de

Directive de la Commission européenne du 12 juillet 2000 sur l'accès à l'interconnexion :

- « *Interconnexion* »

C'est une liaison physique et logique des réseaux de communications électroniques publics utilisés par la même entreprise ou une entreprise différente, afin de permettre aux utilisateurs finals d'une entreprise de communiquer avec les utilisateurs de la même entreprise ou d'une autre, ou bien d'accéder aux services fournis par une autre entreprise.

- « *Accès* »

C'est la mise à la disposition d'une autre entreprise, dans les conditions bien définies et de manière exclusive ou non exclusive, de ressources et ou des services en vue de la fourniture de services de communications électroniques.

Cela couvre l'accès aux éléments de réseau et à des services et ressources associés, et éventuellement la connexion câblée ou sans fil des équipements ; l'accès à l'infrastructure physique, y compris les bâtiments, gaines et pylônes ; l'accès aux systèmes logiciels, avec notamment les systèmes d'assistance à l'exploitation ; l'accès au transfert des services associés au numéro d'appel ou à des systèmes offrant des fonctionnalités équivalentes ; l'accès aux réseaux mobiles notamment l'itinérance ; l'accès aux systèmes d'accès conditionnel pour les services de télécommunication numérique.

L'interconnexion constitue un type particulier d'accès mis en œuvre entre opérateurs des réseaux publics. Au sens de cette Directive européenne, le terme « accès » ne désigne pas l'accès par l'utilisateur final. Bien au contraire, il s'agit d'accès entre opérateurs.

3. Questions d'interconnexion

Des dispositions commerciales, techniques et opérationnelles doivent être prises en vue de faciliter l'interconnexion entre opérateurs de réseaux. Pour qu'elles aboutissent, il faut que les opérateurs s'accordent sur un certain nombre de questions ou que l'organisme de régulation tranche dans ce domaine.

C'est en général le coût de l'interconnexion qui constitue la principale préoccupation commerciale pour les nouveaux venus sur le marché. Cependant, diverses questions d'ordre technique et opérationnel posent aussi des problèmes tant à l'opérateur historique qu'aux nouveaux opérateurs.

4. Règles régionales d'interconnexion

La Directive européenne de 1997 relative à l'interconnexion (97/33/CE) énonce des règles visant essentiellement à libéraliser les régimes nationaux d'interconnexion. Cette Directive exige que les arrangements d'interconnexion soient publics et non-discriminatoires. De même, les taxes d'interconnexion doivent être fondées sur les coûts. Grace à cette portée générale, les prescriptions de la Directive sont adaptables aux différents régimes juridiques et cadres réglementaires nationaux de l'Union Européenne. En juillet 2000, l'Union Européenne a adopté une nouvelle Directive (COM200 384) qui ne remet pas en cause celle de 1997.

5. Règles multilatérales d'interconnexion

L'Accord de l'Organisation Mondiale du Commerce sur les télécommunications de base (1997) – connu au départ sous le nom de Quatrième protocole de l'Accord général sur le commerce des services ou AGCS – était le premier accord commercial multilatéral largement accepté à inclure des règles obligatoires sur l'interconnexion. Ce document de référence lie juridiquement les États membres de l'Organisation Mondiale du Commerce qui l'ont joint comme autres engagements à leur liste d'engagement de l'AGCS concernant l'accès au marché des télécommunications, que ces États aient pris part ou non au Quatrième protocole.

Les principales règles d'interconnexion énoncées sont : non-discrimination, transparence et disponibilité d'interconnexion raisonnables accordées par les fournisseurs principaux. Le concept de fournisseurs principaux fait référence en général, aux opérateurs ayant une position dominante en ce qui concerne les infrastructures principales ou les parts de marché. L'accord sur les télécommunications de base (AGCS) est entré en vigueur le 15 février 1998.

Section 2 : Principes d'interconnexion

1. Élaboration des lignes directrices réglementaires à l'avance

Le débat réglementaire sur les avantages relatifs de la mise en place de lignes directrices d'interconnexion *ex ante* ou établies à l'avance par rapport à une réglementation *ex post* est toujours d'actualité. Les partisans de l'approche *ex post* privilégient, en général, les négociations d'accords d'interconnexion entre les opérateurs, avec la possibilité d'utiliser le mécanisme de règlement des différends en matière de régulation ou les recours prévus par le droit de la concurrence en cas d'échec des négociations.

L'approche *ex post* reposait sur la conviction que la régulation dans les marchés concurrentiels devrait être réduite au minimum. Ainsi, de nombreux régulateurs et experts en télécommunication ont encouragé les négociations privées comme approche principale pour élaborer des arrangements d'interconnexion. En matière de régulation, l'attention était centrée sur le mécanisme de règlement des différends en cas d'échec des négociations privées.

Quelques années plus tard, l'approche ex post était remise en cause. En effet, on s'accorde à dire qu'il faut établir, à l'avance, des lignes directrices en matière de régulation ou même des règles particulières à l'interconnexion pour faciliter la réussite des négociations. Cette opinion a été exprimée par la Commission de l'Union Européenne dans sa proposition de Directive de 12 juillet 2000, sur l'accès et l'interconnexion en ces termes : « On s'accorde généralement à reconnaître qu'il sera encore nécessaire de conserver des règles sectorielles *ex ante* en plus des règles de concurrence pour réglementer l'accès et l'interconnexion jusqu'à ce qu'une concurrence effective et sans entraves règne sur tous les segments du marché ».

2. Concentration des obligations d'interconnexion sur l'opérateur historique

L'un des moyens reconnus à tous, de réduire au minimum l'intervention réglementaire consiste à imposer des obligations d'interconnexion aux opérateurs historiques dominants. En pratique, c'est la façon la plus efficace d'utiliser des ressources réglementaires limitées.

Cette approche est conforme au Document de référence de l'Accord de l'Organisation Mondiale de Commerce sur les télécommunications de base qui impose des obligations d'interconnexion aux seuls opérateurs dominants, c'est-à-dire aux fournisseurs principaux.

3. Transparence

La transparence est un objectif politique principal des accords commerciaux multilatéraux ainsi que des politiques nationales en matière de télécommunication dans de nombreux pays. On considère que l'interconnexion avec des opérateurs historiques dominants fait exception à la règle. La transparence des arrangements d'interconnexion est un moyen efficace de décourager les comportements anticoncurrentiels stratégiques des opérateurs dominants.

4. Non-discrimination

La plupart des politiques d'interconnexion ont pour objet central d'éviter la discrimination. On devrait considérer qu'il y a discrimination « injuste », « abusive » ou « déloyale » dès lors qu'un concurrent s'interconnectant se trouve dans une situation de désavantage important du fait d'arrangements d'interconnexion moins favorables. L'autre forme de discrimination est souvent plus difficile à identifier. Elle correspond au cas où une entreprise dominante offre à ses propres services ou sociétés affiliées des arrangements d'interconnexion plus avantageux que ceux qui sont proposés à d'autres concurrents.

5. Tarifs orientés vers les coûts

Les principes d'interconnexion, comme ceux figurant dans le Document de référence de l'Accord de l'Organisation Mondiale du Commerce sur les télécommunications de base ainsi que dans la Directive relative à l'interconnexion de l'Union européenne, exigent que les taxes d'interconnexion « soient orientées vers les coûts ». En effet, en l'absence d'une norme fondée sur les coûts pour fixer les taxes d'interconnexion, un opérateur dominant ou en situation de monopole serait incité à demander une somme importante pour les appels entrants provenant du réseau d'un nouveau concurrent.

Section 3 : Procédures d'interconnexion

1. Mise en place d'arrangements d'interconnexion

Les arrangements d'interconnexion ont été mis en place en application de différentes approches dont les principales sont les suivantes :

- prescription réglementaire (*ex ante*) d'arrangement d'interconnexion ;

- négociation entre opérateurs ;

- élaboration de lignes directrices réglementaires d'ordre général pour les opérateurs négociants ;

- médiation réglementaire pour faciliter des accords négociés entre opérateurs ;

- prescription réglementaire (*ex ante*) d'arrangements d'interconnexion par défaut (par exemple sur d'autres juridictions) qui seront appliquées en cas d'échec des négociations ;

- décisions réglementaires visant à résoudre les différends en matière d'interconnexion ;

- arbitrage ou médiation par un tiers indépendant pour les différends relatifs à l'interconnexion ;

- examen, modification et approbation par l'instance de régulation des accords négociés.

2. Négociation des arrangements d'interconnexion

Dans de nombreux pays, la mise en place d'arrangements d'interconnexion s'est faite essentiellement par le biais de négociations privées. Les opérateurs connaissent mieux les régulateurs de leurs réseaux et les exigences en matière d'exploitation. Ils disposent en outre des données techniques nécessaires à la mise en œuvre d'arrangements efficaces.

3. Rôle de l'organisme de régulation dans les négociations d'interconnexion

Une fois qu'il est convenu que les régulateurs doivent contribuer à l'aboutissement des négociations d'interconnexion, une autre question surgit : quelle est la méthode d'intervention la plus efficace pour l'organisme de régulation ? Les régulateurs disposent de plusieurs instruments pour accélérer les négociations et aider à conclure des accords d'interconnexion. Quelques approches réglementaires connues sont :

- élaboration de lignes directrices avant les négociations ;

- mise en place d'arrangements d'interconnexion par défaut avant les négociations ;

- mise en place d'échéances pour les différentes étapes des négociations ;

- création des commissions techniques professionnelles ;

- élaboration de mesures d'incitation pour mettre en place des arrangements d'interconnexion ; désignation de médiateurs ou d'arbitres.

4. Règlement des différends

Dans la plupart des cas, c'est au régulateur qu'il incombe de régler les différends en matière d'interconnexion. Le Document de Référence de l'Organisation Mondiale du Commerce sur les télécommunications de base exige des signataires de l'AGCS qu'ils élaborent un mécanisme de règlement des différends indépendant. Ce document impose le recours à une instance nationale indépendante pour résoudre les différends en matière d'interconnexion dans un délai raisonnable. Celle-ci peut être l'organisme de régulation ou un autre organisme indépendant.

Cependant, les organismes de régulation doivent résoudre les différends rapidement et de manière définitive, sans quoi l'ouverture à la concurrence et le développement du secteur s'en trouveront retardés.

Le Document de Référence de l'Organisation Mondiale du Commerce sur les télécommunications de base définit l'indépendance des organes de régulation en ces termes : « *Indépendance des organes réglementaires* » : l'organe réglementaire est distinct de tout fournisseur de services de télécommunications de base et ne relève pas d'un tel fournisseur. Les décisions des organes réglementaires et les procédures qu'ils utilisent seront impartiales à l'égard de tous les participants sur le marché.

5. Orientation réglementaires ex ante

Dans certains pays, des organismes de régulation ont établi des conditions d'interconnexion détaillées avant d'élaborer des arrangements d'interconnexion comme aux États-Unis d'Amérique en 1996 et au Canada en 1997, avec des décrets d'interconnexion relatifs aux opérateurs locaux concurrentiels.

Il faut reconnaître que l'interconnexion est une question qui évolue. Les types d'infrastructure et de services de télécommunication changent en permanence. Par conséquent, les exigences en matière d'interconnexion continuent d'évoluer aussi.

Section 4 : Conditions financières de l'interconnexion

1. Taxes d'interconnexion

Les taxes d'interconnexion représentent souvent une part très importante des coûts assumés par les nouveaux opérateurs de télécommunication, notamment par les nouveaux arrivants sur le marché qui ne possèdent pas de réseaux de bout en bout.

2. Observations relatives aux différentes approches

- *Les coûts différentiels moyens à long terme* (LRAIC) : il s'agit d'une approche de détermination des coûts à long terme qui définit l'augmentation comme l'ensemble du service ;

- *Coûts différentiels totaux à long terme par service* (TSLRIC) : il s'agit d'une approche élaborée par Federal Communication Commission (FCC) aux États-Unis d'Amérique, qui mesure la différence de coût entre la production et la non-production ou le retrait d'un élément du réseau à long terme, plus un pourcentage déterminé des coûts conjoints et communs ;

- *Coûts différentiels élémentaires totaux à long terme* (TELRIC) : cette approche, également élaborée par la FCC, inclut le coût différentiel engendré par l'adjonction ou le retrait d'un élément particulier du réseau à long terme, plus un pourcentage déterminé des coûts conjoints et communs.

3. Coûts particuliers de l'interconnexion

- *Frais de démarrage*

Pour assurer la transition vers un marché des télécommunications concurrentiels, il est en principe nécessaire de procéder à certaines modifications des installations de communication et de transmission de l'opérateur ainsi que des logiciels connexes pour assurer une interconnexion efficace entre des opérateurs multiples. À cela s'ajoutent des liaisons d'interconnexion.

- *Structure des taxes d'interconnexion*

Les *taxes fixes et les taxes variables*, *taxes perçues pendant les heures de pointe et pendant les heures creuses*, les *taxes dégroupées* (ce principe est posé dans le Document de Référence de l'Organisation Mondiale du Commerce sur les télécommunications de base) qui prévoie que les principaux fournisseurs assurent l'interconnexion moyennant l'application de taxes suffisamment détaillées pour que le fournisseur n'ait pas à payer pour des éléments ou installations du réseau dont il n'a pas besoin pour le service à fournir.

- *Obligations de service universel (USO) et contribution au financement des services déficitaires*

Dans bon nombre de pays, les opérateurs historiques enregistrent des déficits lorsque les obligations d'accès universel ou de service universel (USO) dont ils s'acquittent sont désavantageuses sur le plan économique. Les bénéficiaires de ces obligations sociales se trouvent généralement dans les zones de service de coût élevé, comme les villages éloignés, mais il peut aussi s'agir des abonnés à revenu faible. Ces déficits s'expliquent souvent par l'application d'une politique qui consiste à maintenir des taxes d'accès faibles pour tous les consommateurs. On les désigne en général par le terme de « *contributions ou taxes pour déficit d'accès* » (ADC), pour les distinguer des « *versements au titre de l'obligation de service* » (USO) qui génèrent des recettes pour des objectifs sociaux mieux ciblés.

4. Taxes d'interconnexion de l'Internet

Au cours de ces dernières années, Internet a perdu son caractère associatif pour devenir un moyen de communication commercial. De plus, ce réseau relativement restreint utilisant les données des établissements d'enseignement et de recherche s'est développé en un réseau qui écoule plus de trafic que la téléphonie vocale dans plusieurs pays.

Cette transformation de l'Internet a modifié les bases des taxes d'interconnexion entre les fournisseurs de services Internet (ISP) et entre ces fournisseurs dorsaux de télécommunication.

Ainsi, les taxes sont fondées sur une ou plusieurs variables, à savoir :

- Le flux de trafic ou l'utilisation, d'après l'augmentation de la capacité des routeurs Internet et d'autres équipements de mesure du trafic ;
- Le déséquilibre des flux de trafic entre les ISP ;

- La distance ou la couverture géographique ;

- Le nombre de points d'interconnexion ;

- D'autres taxes d'interconnexion fondées sur les coûts.

En avril 2000, la Commission d'études 3 de l'UIT a adopté la Recommandation DIII intitulée « Connexion Internet Internationale », libellée en ces termes : « Notant la rapide croissance de l'Internet et des services internationaux fondés sur le protocole Internet : il est recommandé aux administrations qui interviennent dans la fourniture d'une connexion Internet Internationale de négocier des accords commerciaux bilatéraux applicables aux connexions Internet internationales directe et de prévoir que chacune des administrations recouvrera les dépenses engagées pour acheminer un trafic générée par l'autre administration ».

5. Interconnexion avec les réseaux mobiles

Les opérateurs de services mobiles doivent obligatoirement s'interconnecter aux opérateurs historiques du RTPC pour que leurs services puissent être viables. D'une manière générale, les principes et les pratiques d'interconnexion décrits ici s'appliquent à l'interconnexion des opérateurs des services mobiles au RTPC. On relève toutefois certaines différences dans l'interconnexion avec les opérateurs de services mobiles.

6. Conditions techniques et opérationnelles

Les conditions financières jouent un rôle important dans l'élaboration des arrangements d'interconnexion mais ce sont les conditions techniques et opérationnelles qui déterminent le degré d'efficacité et de « transparence de l'interconnexion du point de vue des usagers. Le fait que la concurrence sur tel ou tel marché donnera ou non des résultats peut également dépendre de ces conditions.

Section 5 : Conditions techniques et opérationnelles

1. Fourniture d'informations par les opérateurs historiques

La manière la plus simple d'encourager la transparence est d'exiger la publication des *accords d'interconnexion* ou des offres des opérateurs historiques. À cet égard, le Document de référence de l'Organisation Mondiale du Commerce sur les télécommunications de base, exige des signataires qu'ils veillent à ce qu'un grand fournisseur rende publics ses accords d'interconnexion ou une offre type d'interconnexion.

La publication d'accords d'interconnexion ou d'offres types présente les avantages suivants : la publication facilite l'interconnexion des opérateurs établis et de nouveaux opérateurs potentiels ; elle décourage de la part d'un opérateur dominant, toute discrimination indue que les organismes de régulation pourraient ne pas détecter aisément si le dossier est secret ; elle facilite les comparaisons entre les taxes et les conditions d'interconnexion appliquées par les principaux opérateurs ; elle aide à élaborer des normes, des références et des meilleurs pratiques à suivre dans l'industrie.

Le Document de référence de l'Organisation Mondiale du Commerce exige la publication soit des accords conclus avec les fournisseurs important soit d'une offre type d'interconnexion avec ces fournisseurs.

- *La spécification des réseaux*

Un nouvel opérateur doit avoir accès aux spécifications techniques du réseau de l'opérateur historique avec lequel il établira une interconnexion. De même, l'opérateur historique a besoin d'informations sur les caractéristiques techniques du réseau d'un opérateur demandant l'interconnexion.

- Modification du réseau

Les réseaux de télécommunication sont dynamiques. Dans la plupart des pays, les réseaux sont en évolution constante avec l'ajout de nouvelles installations de communication et de transmission, la mise en place de nouveaux logiciels et de nouvelles caractéristiques et l'adoption de nouveaux protocoles.

Au fur et à mesure que les réseaux sont modifiés, il est une bonne pratique pour les organismes de régulation d'exiger que les réseaux des opérateurs historiques dominants s'ouvrent peu à peu.

2. Traitement des informations fournies par les concurrents

Les fournisseurs monopolistiques ou dominants des services téléphoniques locaux et certains autres services monopolistiques, se trouvent dans une position qui leur permet de recueillir des informations présentant un intérêt concurrentiel sur leurs concurrents avec lesquels s'établit une interconnexion.

L'utilisation abusive de ces informations à caractère concurrentiel est soumise à des restrictions réglementaires dans de nombreux pays. Le Document de référence qui fait partie de l'Accord de l'Organisation Mondiale du Commerce sur les télécommunications de base vise à interdire ces activités. Le document de référence exige des signataires qu'ils prennent des mesures appropriées pour empêcher les grands fournisseurs de se livrer à des pratiques anticoncurrentielles. Une des pratiques consiste à faire un usage anticoncurrentiel des informations obtenues des concurrents.

3. Traitement des informations concernant les clients

Les fournisseurs monopolistiques des services téléphoniques locaux sont en mesure de recueillir des informations sur leurs clients. Il peut s'agir des noms, des adresses et des numéros de téléphone ainsi que des montants mensuels de facturation, des habitudes d'appel, du pourcentage d'appels restés sans réponse, etc. ; ce genre d'information sur les clients peut être utile au moment de commercialiser de nouveaux services.

Dans certains pays tels que les États-Unis d'Amérique et le Canada, l'utilisation des informations sur les clients est soumise à certaines restrictions réglementaires, destinées à protéger la vie privée des clients.

4. Points d'interconnexion

Dans de nombreux pays, la politique d'interconnexion en vigueur exige des opérateurs historiques qu'ils permettent que l'interconnexion se fasse à n'importe quel point de leur réseau dans la mesure où cela est techniquement faisable. Cette politique est renforcée par le Document de référence de l'Organisation Mondiale du Commerce sur les télécommunications de base, qui exige des pays signataires qu'ils assurent l'interconnexion avec leurs principaux fournisseurs à n'importe quel point où cela est techniquement réalisable.

5. Accès aux éléments dégroupés d'un réseau

Dans nombre croissant de pays, la politique de télécommunication exige des opérateurs historiques qu'ils accordent aux concurrents l'accès à des éléments dégroupés de leur réseau. En général, on entend par dégroupage la fourniture séparée d'éléments de réseaux. Le dégroupage permet aux opérateurs interconnectés d'avoir accès à un seul élément dégroupé sans être obligé, pour un « *service d'interconnexion* » d'acheter d'autres éléments.

- *Raison d'être du dégroupage*

Les politiques de dégroupage visent à réduire les obstacles économiques et techniques qui freinent l'entrée des concurrents sur le marché. Les coûts importants en capitaux qu'implique la construction de réseaux faisant double emploi constituent un obstacle notable pour les nouveaux arrivants. Les concurrents ne seront peut-être pas désireux ou en mesure de financer la construction de réseaux complets.

- *Politiques de dégroupage*

La tendance au dégroupage a été fortement renforcée dans le Document de référence de l'Organisation Mondiale du Commerce sur les télécommunications de base. Il est dit dans le Document de référence que les principaux fournisseurs doivent accorder l'interconnexion selon une approche suffisamment dégroupée pour qu'un fournisseur n'ait pas à payer pour des éléments ou des installations dont il n'a pas besoin pour le service à assurer.

- *Avantages et inconvénients du dégroupage*

Une politique générale contraignante de dégroupage présente quelques inconvénients. En particulier, elle peut avoir pour effet de décourager la construction d'éléments de réseaux concurrentiels et la mise en œuvre d'une concurrence réellement fondée sur les installations. Les inconvénients n'en semblent pas moins largement compensés par les avantages. Par ailleurs, les inconvénients potentiels peuvent en règle générale être évités si l'on fixe convenablement les prix et les autres conditions du dégroupage.

- *Méthodes réglementaires de dégroupage*

Étant donné les inconvénients potentiels d'une politique contraignante de dégroupage, certains organismes de régulation ont modifié de différentes manières leur mise en œuvre de cette politique.

6. Dégroupage de la boucle locale

Le dégroupage obligatoire des boucles locales est de plus en plus utilisé comme moyen réglementaire pour accélérer la concurrence sur les marchés de l'accès local. Dans le monde entier, la concurrence entre les réseaux de télécommunication s'est développée plus rapidement sur les marchés des communications longue distance et internationales. Les marchés de l'accès local sont généralement moins concurrentiels. Les services hertziens fournissent à l'heure actuelle une solution de rechange à l'accès local sur bande étroite dans de nombreux marchés et la concurrence sur la bande large commence à s'instaurer. Toutefois, partout dans le monde, les services par câbles constituent toujours le principal moyen d'assurer l'accès local. Dans ce domaine, les coûts élevés de démarrage et les faibles marges ont découragé la concurrence.

Il existe plusieurs types de dégroupage de la boucle locale. :

- *dégroupage intégral de la boucle locale* (accès dégroupé à la paire torsadée afin de faire assurer par des tiers selon un mode concurrentiel des services évolués) ;
- *utilisation partagée de la ligne métallique* (accès dégroupé aux hautes fréquences de la boucle locale en vue de fourniture concurrentielle par des tierces parties de systèmes et des services de boucles numériques d'abonné) ;
- *accès numérique à haut débit* (fourniture de services DSL par l'opérateur historique).

Une autre solution est l'accès numérique à haut débit. Pour ce faire, l'opérateur historique installera un raccordement à haut débit chez l'abonné, puis tiendra à la disposition des autres opérateurs pour leur permettre d'assurer des services à haut débit. La fourniture de services d'accès numérique exige la fourniture à la fois du moyen de transmission et du système de transmission.

7. Partage de l'infrastructure et co-implantation

Une importante infrastructure est nécessaire pour établir des réseaux de télécommunication. Les principaux éléments de l'infrastructure d'appui sont les poteaux, les conduites, les tranchées, les chambres à tirage, les bornes dans les rues et les pylônes. Partager cette infrastructure peut, dans une économie, rendre bien plus efficace la fourniture des télécommunications.

Il en va de même de partage de l'espace constructible dans les centres visant à permettre à deux opérateurs ou plus de « co-installeurs » leurs câbles et leurs installations de transmission radio ainsi que le matériel annexe. La co-implantation permet un accès direct ou quasi direct aux commutateurs de centre et aux lignes d'accès locales.

Voici les problèmes que peuvent poser le partage des infrastructures et la co-implantation :

- répartition de la superficie en fonction des besoins futurs des opérateurs historiques et des besoins actuels et futurs des nouveaux concurrents ; la réservation d'une superficie permettant l'expansion future de chaque opérateur ;

- calcul des prix des infrastructures et base sur laquelle ce calcul s'effectue ;

- arrangements relatifs à l'accès et à la sécurité pour les équipements des divers opérateurs. Les locaux utilisés en partage par différents opérateurs sont généralement séparés les uns des autres (par exemple, par un grillage) et verrouillés ;

- procédure de désignation et de supervision pour les transferts mutuels d'interconnexion et les travaux qui ont une incidence sur les installations de deux opérateurs au moins. Paiements et tarifs connexes ;

- fourniture et prix de services auxiliaires (par exemple alimentation électrique et alimentation de secours, éclairage, chauffage et conditionnement d'air, systèmes de sécurité et d'alarme, services d'entretien et de conciergerie, etc.) ;

- négociations d'autres accords de location et ou de licence, y compris la question des sous-licences pour les biens appartenant à des tiers (par exemple, propriétaires des bâtiments publics, titulaires de servitudes, municipalités et autres propriétaires publics) les assurances et les dédommagements en cas de dégâts.

8. Égalité d'accès

Sur un marché où les concurrents bénéficient de l'égalité des chances, les utilisateurs des moyens de télécommunication devraient pouvoir accéder aussi facilement aux services offerts par les nouveaux concurrents qu'à ceux des opérateurs historiques. Si l'égalité d'accès ne leur est pas assurée, les nouveaux arrivants auront du mal à attirer la clientèle. Il n'est pas nécessaire que l'accès soit strictement égal à tous, mais les abonnés ne devraient pas avoir à surmonter d'obstacle exagéré pour obtenir l'accès à un concurrent.

Fondamentalement, il existe deux méthodes pour assurer l'égalité d'accès : assurer l'interconnexion côté circuit des centraux locaux entre les nouveaux opérateurs et les commutateurs de l'opérateur historique. Le plan de numérotage doit attribuer des numéros équivalents aux opérateurs historiques et aux nouveaux arrivants. Les opérateurs historiques doivent fournir des services de signalisation de base aux nouveaux arrivants. Il faut prévoir des arrangements de facturation et d'audit qui permettent la facturation directe par chaque opérateur ou la facturation d'un opérateur et le reversement de leur part aux autres.

9. Qualité de service pour les opérateurs d'interconnexion

Il est de bonne pratique, en matière de règlementation, de demander aux opérateurs historiques d'assurer des services et des infrastructures d'interconnexion de qualité raisonnable. Sans cela, un opérateur historique pourrait remettre en cause l'aptitude d'un concurrent à fournir des services concurrentiels.

Les moyens dont dispose l'organisme de régulation pour améliorer la qualité de l'interconnexion sont les suivants :

- fixer des conditions pour le contrôle de la qualité de service sur le plan de l'interconnexion ;
- ne pas négliger de donner suite aux plaintes et prévoir des sanctions lorsque la qualité de l'opérateur des services est manifestement inégale ;
- créer au sein de l'organisation de l'opérateur historique un groupe indépendant qui s'occupe des services liés à l'interconnexion

CHAPITRE 9

Service universel

Section 1 : Service universel et accès universel

1. Considérations générales

Les concepts de service universel et d'accès universel peuvent être définis de la manière suivante : les politiques de *service universel* visent généralement à promouvoir ou à maintenir la disponibilité « universelle » des connexions des particuliers aux réseaux publics de télécommunication.

L'objectif visant à raccorder la totalité ou la plupart des particuliers aux réseaux publics de télécommunication est généralement appelé « *l'obligation de service universel* » (USO). Le service universel est un objectif politique concret dans de nombreux pays industrialisés mais il n'est pas réalisable économiquement dans la plupart des pays en développement.

En général, « *l'accès universel* » renvoie à une situation où chaque individu a un moyen d'accès raisonnable à un téléphone mis à la disposition du public. Il peut être assuré au moyen de publiphones, de centres téléphoniques communautaires, de téléboutiques, des terminaux d'accès Internet communautaires ou de dispositifs analogues.

Les politiques d'universalité visent essentiellement à élargir et à maintenir la disponibilité de services de télécommunication à des prix abordables pour le public.

2. Objectifs des politiques d'universalité

Voici quelques-uns des objectifs de la mise en œuvre des politiques d'universalité :

- permettre de participer pleinement à la société du XXIe siècle ;

- promouvoir la cohésion politique, économique et culturelle à l'échelle nationale ;

- favoriser le développement économique ;

- encourager une répartition plus équilibrée de la population ;

- éliminer les disparités entre les zones rurales et les zones urbaines.

3. Aspect économique de l'universalité : universalité et développement économique

Le facteur essentiel de l'universalité dans le domaine des télécommunications est le développement économique. Il existe une relation étroite entre le taux de pénétration téléphonique national et le produit intérieur brut (PIB) par habitant d'un pays.

Bien que le niveau de revenu par habitant soit une contrainte pour l'universalité, la part des revenus consacrée aux télécommunications varie de façon considérable en fonction de pays. D'après l'expérience internationale, on s'aperçoit que ce sont les mesures prises par les pouvoirs publics et les organismes de régulation qui déterminent le niveau d'universalité atteint dans un pays donné.

Section 2 : Définir l'universalité

1. À pays différents méthodes différentes

Des pays ont défini le service universel (US) et ou l'accès universel (AU) pour certain nombre de raisons. Dans certains cas, les définitions de l'universalité ont été conçues dans le cadre de plans nationaux de développement des télécommunications et comportent parfois des échéances spéciales et des niveaux de services précis. Cependant, les niveaux planifiés d'universalité ne seront efficace que s'ils sont associés à des instruments de mise en œuvre efficaces, notamment des mécanismes de financement.

Il reste à adapter les définitions de l'universalité aux conditions locales. La géographie, la typologie ainsi que les questions de sécurité à l'échelle nationale peuvent aussi constituer des facteurs importants.

Dans la définition de l'universalité de tous les pays, deux aspects distincts peuvent être relevés :

- *Types d'accès*

Sur un plan très général, le service universel diffère de l'accès universel en ce sens que le premier désigne généralement un accès individuel ou privé, tandis que le second désigne un accès communautaire ou public (partagé). Dans les définitions de l'universalité on trouve parfois une obligation d'assurer un certain niveau d'accès, privé ou public.

- *Types de services*

La définition de l'accès de base recouvre généralement l'accès fixe de qualité vocale au RTPC. De nombreuses définitions de l'universalité donnent toutefois une conception plus large de cette obligation.

2. Service universel dans les pays industrialisés

La plupart des pays de l'OCEDE ont veillé à inclure bien plus qu'un accès public de base à la téléphonie vocale dans la définition du service universel. Dans nombre de ces pays, le service universel concerne la fourniture de services à des particuliers sur demande à des tarifs réglementés.

3. Accès universel dans les pays en développement

Dans les pays en développement, il n'est pas réaliste de définir un objectif de service universel qui serait de fournir un service universel de télécommunication fixe à chaque foyer, du moins dans un avenir proche. Dans ce pays, la régulation vise surtout l'extension des services d'accès : extension de nouveaux services d'accès plutôt que sur le soutien aux services existants ; l'extension de services, qui ne sont pas rentables actuellement, aux zones éloignées ou à coût de revient élevé et aux groupes d'abonnés à revenu modeste ; la priorité aux services d'accès public plutôt qu'à l'accès privé des ménages.

Section 3 : Mise en œuvre de l'universalité : comment la financer ?

1. Critères de sélection des mécanismes d'universalité

Ces mécanismes sont : réformes orientées vers le marché ; obligations de service imposées ; obligations croisées ; taxes pour déficit d'accès (ACD) ; fonds d'universalité ; conformité aux règle du commerce international.

Tout membre a le droit de définir le type d'obligation en matière de service universel qu'il souhaite maintenir, à condition qu'elles soient administrativement transparente, non discriminatoire et neutre du point de vue de la concurrence et qu'elles ne soient pas plus rigoureuses qu'il n'est nécessaire pour le type de service universel défini par le Membre, selon le Document de référence de l'Organisation Mondiale du Commerce qui fait partie de l'Accord de l'Organisation Mondiale du Commerce sur les télécommunications de base.

Si un pays qui s'est engagé à respecter les principes réglementaires énoncés dans l'Accord de l'Organisation Mondiale du Commerce sur les télécommunications de base maintient un mécanisme de service universel qui constitue une infraction à l'Accord, il pourra faire l'objet d'une plainte commerciale déposée auprès de l'Organisation Mondiale du Commerce par d'autres pays signataires.

2. Réformes du secteur et universalité

Ce sont essentiellement des politiques de secteur obsolètes qui sont à l'origine des problèmes en matière d'universalité : privatisation, ouverture à la concurrence, tarification orientée sur les coûts.

3. Obligations des services imposés

Le principe d'obligation de service imposé est peut-être le mécanisme le plus souvent utilisé pour promouvoir l'universalité. Certains pays décrivent cette obligation comme « devoir de desservir » tous les clients désirant payer les tarifs établis.

4. Subventions croisées

Depuis de décennies, dans la plupart des pays, l'opérateur historique a principalement recours au subventionnement croisé interne pour promouvoir l'universalité dans le secteur des télécommunications. Selon cette méthode, il est prévu d'utiliser les excédents provenant de services rentables pour couvrir les pertes liées à la fourniture de services non rentables. Dans le contexte de l'universalité, les subventions croisées sont utilisées pour maintenir les tarifs d'accès à un faible niveau, surtout dans les zones où les coûts de revient sont élevés.

Les opérateurs historiques ont souvent eu recours à différents types de subvention croisées internes : subventionnement croisé entre plusieurs services ; subventionnement croisé au sein d'un même service. Cependant, les subventions croisées sont de moins en moins durables dans un environnement concurrentiel.

5. Taxes pour déficit d'accès

Les taxes pour déficit d'accès constituent une variante des mécanismes traditionnels de subventions croisées. Les subventions croisées traditionnelles sont internes à l'opérateur historique, c'est-à-dire que ce dernier utilise des subventions provenant de l'un de ses propres services pour financer des services à des prix fixés au-dessous des coûts, en général les services d'accès local.

Section 4 : Fonds d'universalité

1. Considérations générales

L'expérience internationale confirme l'avantage des fonds d'universalité, conçus pour atteindre des buts en matière d'universalité avec le subventionnement d'initiatives précises visant à élargir ou à maintenir le service ou l'accès. Ils présentent la plupart des avantages et très peu des inconvénients des autres mécanismes de financement de l'universalité.

2. Sources de financement des fonds

Ces mécanismes de financement des fonds sont : un financement direct par le biais de fonds accordés par les pouvoirs publics ; des contributions des opérateurs de télécommunication ; des produits de la privatisation des télécommunications, des mises aux enchères du spectre et ou de l'acquittement de droits de licence/de concession ; une redevance acquittée par l'abonné et perçue par des opérateurs de télécommunications ; un financement fourni par des organismes de développement internationaux.

Le calcul du montant de la subvention s'opère en fonction de la mise en place de l'accès universel, des modèles des coûts applicables au maintien du service universel ; des appels d'offres concurrentiels pour mettre en œuvre des projets d'universalité et des bénéfices intangibles.

Quant aux critères de sélection des mécanismes de collecte : il s'agit d'efficacité économique et administrative ; de caractère durable et d'équité.

Conclusion

Impactant singulièrement la globalisation du monde en ce début du 21è siècle, les télécommunications ajoutent une plus-value à la dimension économique, commerciale, technologique, industrielle, communicationnelle, aussi bien des espaces terrestre, maritime, aérien, extra-atmosphérique, que des espaces tampons tels les canaux, les détroits et les fleuves internationaux.

Cette interconnexion d'intérêts, d'opportunités et de vulnérabilités, souligne s'il en est besoin, la nécessité des normes internationales sinon du Droit international des espaces et des télécommunications en tant que catalyseur de la pacification des relations internationales.

Autrement dit, à défaut d'avoir résolu tous les conflits territoriaux de par le monde, le droit international en a diminué l'intensité, en dotant les territoires convoités d'un statut juridique précis, bien que l'application de ces normes juridiques soulève encore des controverses.

Il en est également ainsi du droit des télécommunications relatif à la transmission, émission, réception des signes, des signaux, d'écrits, d'images, de sons ou de renseignements de toute nature, à distance, par fil optique, radioélectricité ou par d'autres systèmes électromagnétiques.

Bibliographie sélective

Manuels et ouvrages

ALLAND, D. et al, *Droit international public*, collection « Droit fondamental », P.U.F., Paris, 2000

CARREAU, D., *Droit international public*, 8ème éd. Pedone, Paris, 2004

COMBACAU J., SUR S., *Droit international Public*, Montchrestien, Précis Domat, Paris, 5ème éd., 2001

COMBACAU, et SUR, S., *Droit international Public*, 5ème éd. Dalloz, Paris, 2004

COUSSARIAT-COUSTERE, V. et al, *Petit manuel de jurisprudence de la Cour Internationale de Justice*, 4ème éd. Pedone, Paris, 1984

DAILLIER, P. et PELLET, A., *Droit international public*, 7ème éd. L.G.D.J., Paris, 2002

DALLIER P., PELLET A., NGUYEN QUOC DIHN, *Droit international public*, LGDJ, Paris, 7ème éd., 2002

DECAUX E., *Droit international public*, Dalloz, Paris, 3ème éd., 2002

DECAUX, E., *Droit international public*, 4ème éd. Dalloz, Paris, 2004

DEYRA M., *Droit international public,* Gualino, 2e éd., Paris, 2010.

DUBOIS Y., TIGROUDJA H., *Droit international public*, Dyna. Sup, Paris, 2005

DUBOIS, Y. et TIGROUDJA, H., *Droit international public*, coll. Dina Sup., Paris, 2005

DUPUY, P.M., *Droit international public*, éd. Dalloz, Paris, 2006.

ROCHE C., *L'essentiel du droit international public et du droit des relations internationales*, Gualino éditeur, EJA, Paris, 2003

VERHOEVEN, J., *Droit international public*, éd. Larcier, Bruxelles, 2000.

INTVEN H., Jeremy OLIVER J., Edgar Sepùlveda, Mc Carthy Tétrault, Manuel sur la réglementation des télécommunications, Washington, Banque mondiale, Première édition, novembre 2000

DOCUMENTS ET TEXTES

Accord régissant les activités des États sur la Lune et les autres corps célestes, 18 décembre 1979.

Accord sur le sauvetage des astronautes, le retour des astronautes et la restitution des objets lancés dans l'espace extra-atmosphérique, 22 avril 1968.

Convention des Nations Unies sur le droit de la mer du 10 décembre 1982.

Convention sur l'immatriculation des objets lancés dans l'espace extra-atmosphérique, 14 janvier 1975.

Convention sur la protection et l'utilisation des cours d'eau transfrontières et des lacs internationaux du 17 mars 1992.

Convention sur la responsabilité internationale pour les dommages causés par des objets spatiaux, 29 mars 1972.

Convention sur le droit relatif aux utilisations des cours d'eau internationaux à des fins autres que la navigation, 21 mai 1997

Convention sur l'immatriculation des objets lancés dans l'espace extra-atmosphérique du 14 janvier 1975

Convention pour la répression de la capture illicite d'aéronefs, la Haye, 16 décembre 1970

Convention portant création de l'Organisation maritime internationale (OMI), 6 mars 1948

Convention relative à l'aviation civile internationale (convention de Chicago) 7 décembre 1944

Constitution de l'Union internationale des télécommunications (UIT), 22 décembre 1992

Traité sur les principes juridiques régissant les activités des États en matière d'exploration et d'utilisation de l'espace extra-atmosphérique y compris la Lune et les autres corps célestes, 27 janvier 1967.

Table des matières

PARTIE 2
ESPACE ET TÉLÉCOMMUNICATIONS

L'HARMATTAN ITALIA
Via Degli Artisti 15; 10124 Torino

L'HARMATTAN HONGRIE
Könyvesbolt ; Kossuth L. u. 14-16
1053 Budapest

L'HARMATTAN KINSHASA
185, avenue Nyangwe
Commune de Lingwala
Kinshasa, R.D. Congo
(00243) 998697603 ou (00243) 999229662

L'HARMATTAN CONGO
67, av. E. P. Lumumba
Bât. – Congo Pharmacie (Bib. Nat.)
BP2874 Brazzaville
harmattan.congo@yahoo.fr

L'HARMATTAN GUINÉE
Almamya Rue KA 028, en face du restaurant Le Cèdre
OKB agency BP 3470 Conakry
(00224) 60 20 85 08
harmattanguinee@yahoo.fr

L'HARMATTAN CAMEROUN
BP 11486
Face à la SNI, immeuble Don Bosco
Yaoundé
(00237) 99 76 61 66
harmattancam@yahoo.fr

L'HARMATTAN CÔTE D'IVOIRE
Résidence Karl / cité des arts
Abidjan-Cocody 03 BP 1588 Abidjan 03
(00225) 05 77 87 31
etien_nda@yahoo.fr

L'HARMATTAN MAURITANIE
Espace El Kettab du livre francophone
N° 472 avenue du Palais des Congrès
BP 316 Nouakchott
(00222) 63 25 980

L'HARMATTAN SÉNÉGAL
« Villa Rose », rue de Diourbel X G, Point E
BP 45034 Dakar FANN
(00221) 33 825 98 58 / 77 242 25 08
senharmattan@gmail.com

L'HARMATTAN BÉNIN
ISOR-BENIN
01 BP 359 COTONOU-RP
Quartier Gbèdjromèdé,
Rue Agbélenco, Lot 1247 I
Tél : 00 229 21 32 53 79
christian_dablaka123@yahoo.fr

Achevé d'imprimer par Corlet Numérique - 14110 Condé-sur-Noireau
N° d'Imprimeur : 111592 - Dépôt légal : septembre 2014 - *Imprimé en France*

www.ingramcontent.com/pod-product-compliance
Lightning Source LLC
LaVergne TN
LVHW010943061026
849535LV00007B/2542